上海俗语系列

上海话俗语新编

尉迟梦等 / 文
陈青如 / 图

主编 / 钱乃荣　黄晓彦

上海大学出版社

图书在版编目(CIP)数据

上海话俗语新编/尉迟梦,姜太公,浅草文;陈青如图.
—上海:上海大学出版社,2015.8
(上海话俗语系列/钱乃荣,黄晓彦主编)
ISBN 978-7-5671-1765-5

Ⅰ.①上… Ⅱ.①尉…②姜…③浅…④陈…
Ⅲ.①吴语-俗语-上海市 Ⅳ.①H173

中国版本图书馆 CIP 数据核字(2015)第 186300 号

责任编辑　黄晓彦
封面设计　张天志

上海话俗语新编

尉迟梦　姜太公　浅草/文

陈青如/图

上海大学出版社出版发行
(上海市上大路99号　邮政编码200444)
(http://www.press.shu.edu.cn　发行热线 021-66135112)
出版人：郭纯生
*
上海教育出版社经营有限公司排版
上海上大印刷有限公司印刷　各地新华书店经销
开本 787×960　1/16　印张 17.75　插页 2　字数 326 000
2015 年 9 月第 1 版　2015 年 9 月第 1 次印刷

ISBN 978-7-5671-1765-5/H·311　定价：32.00 元

前　言

　　上海话又称沪语,是吴语的代表方言,是上海本土文化的重要根基,承载着上海这座城市的历史回音、文化血脉、时代记忆。上海话是最早接受了近现代世界文明洗礼的,又汇聚了江南文化风俗的大方言,尤其在民间活跃的思维中不断创造出的大量极具海派特色的民间俗语,这些鲜活的上海话俗语,对社会生活有极大的概括力,有着深厚的文化积淀。

　　这次我们从20世纪30至40年代上海出版的小报中,囊括了当年以连载形式发表标于"上海俗语"总纲下的诠释文字,这些被当年小报上文人称作"上海俗语"的语词,是广博多彩的上海话俗语中的一小部分,反映的是上海这座大都市的方言、社会的一角面貌。

　　1932年由汪仲贤撰文、许晓霞绘图的《上海俗语图说》最早在上海小报上连载,首开把上海话的一些坊间俚言俗语以"俗语图说"连载的形式。这些俗语和漫画展现了当时上海的风土人情和上海人生百态之一部分,可谓上海"浮世绘"之一角风景。之后效颦者颇多,各种小报上洋场作家不断对上海话的一些俗语进行演绎诠释。

　　这些"上海俗语"总纲下的诠释文字,其中连载比较完整的作品有十部:《上海俗语图说》《上海俗语图说续集》(汪仲贤文、许晓霞图)、《洋泾浜图说》(李阿毛文、董天野图)、《上海新俗语图说》(尉迟梦文、陈青如图)、《上海闲话新篇》(姜太公文)、《新语林》(浅草文)、《海派俗语图解》(萧萧文、江郎图)、《舞场俗语图解》(亚凯文、徐润图)、《舞场术语图解》(尤金文、佩卿图)、《骂人辞典》(之明文)。

　　这些作品合计约190万字,共有1150多篇上海话俗语文章,插图800多幅,内容大多秉持"俗语图说"的形式,文图俱佳。根据上述作品的具体情况,现整理出版取名为《上海俗语图说》《上海俗语图说续集》《洋泾浜图说》《上海话俗语新编》《海派俗语图解》五部作品,其中前三部独立成编,后两部为作品汇编。

　　这次整理出版这些上海话俗语,本着尊重历史再现历史的原则,尽可能保持原来作品的历史面貌。主要特色如下:

　　一是全面交代了各部作品的来源,做到有典可查,便于后来者深入研究,同时对于作者也尽可能加以介绍。

二是对早年出版过的作品进行比对考证,如 1935 年版的《上海俗语图说》,其中两篇文章不是汪仲贤撰文,重新整理出版时进行了说明以防"以讹传讹";对文章发表时的变化过程也进行了说明,以有助于全面反映当时的时代背景及其发表真相。

三是完全按照文章当时刊发顺序编排,真实再现作品历史风貌及作者创作心路历程。对于个别篇目只有标题而没有正文的或序号跳跃的均加以注明。值得一提的是 1935 年版的《上海俗语图说》一书,文中涉及前面交代的内容会以"见第×篇"表述,因未按刊发顺序编排,无法找到相关内容。本次重新整理出版,完全按照刊发顺序编排,再现历史真貌。

四是除对明显错字做了更正外,语言风格、用字、标点符号等都一并按旧。对一些看不清楚的字,用"口"符号标注。对于现今在普通话用字中作为异体字取消,但在上海方言中含义或用法不同的字,仍以原字面貌出现,如"瞓、搨、挓"等字。有的字是当年的通用写法,也一应如旧,如"帐目、服贴、陪笑、搁楼、如雷灌耳"。有的词条在原文中有不同写法,均不作改动,如"小瘪三""小毕三","出风头""出锋头","吃牌头""吃排头","搅七廿三""搅七拈三"。如此则有助于了解当时的语言文字变迁,且对于语言、民俗、文化、社会等各界研究亦具有重要的文献价值。

五是把竖排繁体字改为横排简体字,书前加了目录,还配以上海话俗语篇目笔画索引方便查找,使得新版不仅具有一定的文献历史价值,更适合社会广大读者阅读。

这次整理出版的"上海话俗语系列"中的文章,原载于 20 世纪三四十年代,表现了当年上海小报文笔流畅活泼的语言风格,且反映了上海下层社会的种种文化和生活面貌,在解说中不时流露出对社会中的丑恶现象的不满,所暴露的事实对我们了解分析当年社会面貌具有深刻的认识作用。但也有作者在有些诠释中较多涉及社会的阴暗面,有些词语不免粗俗。这些缺陷,相信读者自能鉴别。还要说明的是,作者在诠释上海话俗语中,带有故事性,故对有的词语的介绍不一定是此词语的出典来历,使用的上海方言用字也未必都准确。

钱乃荣　黄晓彦
2015 年 7 月 22 日

出 版 说 明

早在民国时期就有作家在上海小报上连载诠释上海话。由汪仲贤撰文、许晓霞绘图的《上海俗语图说》开把上海话俗语以"俗语图说"形式表现的先河,文章在《社会日报》上刊发连载后受到广泛欢迎。汪、许两位之后,效颦者颇多。如李阿毛(徐卓呆)在《飞报》刊发连载《洋泾浜图说》250 期。另外还有不少洋场文人挥洒笔墨,详细诠释上海话俗语。

一、本书资料来源及作者简介

本次整理上海话俗语出版,囊括 20 世纪三四十年代上海小报上的所有连载。本分册载录的都是当时比较有名的对上海话俗语诠释的作品。

1. 《上海新俗语图说》

由尉迟梦文、陈青如图的《上海新俗语图说》,刊发连载于《社会日报》(民国卅三年五月十八日至十月九日),共 52 期,计 41 篇上海话俗语文章。

"这部作品是根据民廿三廿四年本报所刊已故名小说家汪仲贤先生得意杰作《上海俗语图说》而来。""……如今计算起来,离汪先生之死,以及单行本之出版,差不多将近十个年头,而在这乱滥的十年中,上海社会,还是那么畸形、特殊、繁荣、奢靡!我们从那些摩登仕女、浪人大亨口中,却又听到许多为汪先生遗嘱中所未有的流行新俗语……汇集而成续篇……"(尉迟梦《写在〈上海新俗语图说〉付刊之前》)。写作的缘由交代得十分清楚。

可见尉迟梦先生的这部作品就其内容而言,与汪仲贤先生《上海俗语图说》一脉相承,为之"续篇"不为过。

2. 《上海闲话新篇》

由姜太公撰述的《上海闲话新篇》,刊发连载于《好莱坞日报》(民国廿九年一月四日至五月四日),共 112 期,计 112 篇上海话俗语文章(其中一篇无正文)。

"本报健将苏广成先生,年少博学,腹中歪才正多,宛如西游记中的孙悟空,他的文字,千变万化,层出不穷。"这是在刊发连载《上海闲话新篇》的首期对作者及其语言风格的简单介绍,从中我们对其语言风格窥见一斑。

3.《新语林》

由浅草撰述的《新语林》,刊发连载于《晶报》(民国廿八年十二月一日至民国廿九年三月廿九日),共95期,计127篇上海话俗语文章。

"新语林"重在一个"新"字,在"引言"中作者说,"现在记了可有二三百条,都是最新的,过去老的,陈旧的一律不要"。可见《新语林》是上海话俗语与时俱进的产物,从中我们可以更加多地了解上海话俗语的变迁,保存时代记忆。

二、本次整理出版的特色

尊重历史再现历史,是出版工作的重要原则。本次整理出版特别重视这一原则。

一是完全按照当时上海话俗语文章刊发顺序编排,从而真实地再现当时刊发连载的历史原貌以及作者创作心路历程。对于个别篇目由于历史的原因,如只有标题没有正文的,或者序号跳跃的均加以注明。

二是除对比较明显的错别字进行了更正外,语言风格、用字、标点符号等都按照历史原貌真实再现。对一些看不清楚的字,本着负责的原则,以"□"符号进行标注替代,使本书兼有一定的文献历史价值。

三是竖排繁体字改为横排简体字,在书前加了目录,并配以上海话俗语篇目笔画索引以便查找,使得新版不仅适合广大读者阅读,而且对于语言、民俗、文化、社会等各界的研究都具有重要的文献价值,也有助于真实了解当时的社会文化与语言文字的变迁。

这些连载于报刊的作品均为首次整理出版。

编 者

2015年7月18日

目 录*

上海新俗语图说

写在《上海新俗语图说》付刊之前 ……… 3	一五 排骨四喜 ……… 25
一 向大人 ……… 4	一六 吃汤团 ……… 26
二 黄牛 ……… 6	一七 摆平侬 ……… 27
三 开汽水 ……… 8	一八 樱桃角得 ……… 28
四 照侬沙蟹 ……… 9	一九 装胡羊 ……… 30
五 邓禄普 ……… 11	二〇 戎囊子 ……… 31
六 金少山 ……… 13	二一 伸梢 ……… 33
七 派头一络 ……… 15	二二 药水小开 ……… 34
八 打气袍子 ……… 16	二三 阿桂姐 ……… 35
九 孔子 ……… 17	二四 魁 ……… 36
一〇 糟田螺 ……… 19	二五 行路训子 ……… 37
一一 剥田鸡 ……… 20	二六 南北开 ……… 39
一二 砍招牌 ……… 22	二七 大令 ……… 40
一三 绍兴 ……… 23	二八 洒狗血 ……… 42
一四 摆句闲话过来 ……… 24	二九 一百〇一件 ……… 43
	三〇 硬伤 ……… 44

* 编者注：所有篇目完全按照当时刊发连载顺序编排。

三一	泰山	45	三七	潮州钞票	51
三二	搨眼药	46	三八	落门落槛	52
三三	耀眼	47	三九	苗头九十六	53
三四	麦克麦克	48	四〇	灰钿	54
三五	臭盘	49	四一	亚开	55
三六	过房爷	50			

上海闲话新篇[*]

一	扛木梢	59	二一	邪气	79
二	拔短梯	60	二二	台型	80
三	有血寡老	61	二三	糟兄	81
四	照会	62	二四	郎中	82
五	捉乌龟	63	二五	水头	83
六	小放牛	64	二六	脚底搭油	84
七	白板对煞	65	二七	拜年帖子	85
八	排骨	66	二八	小脚色	86
九	卖老	67	二九	搅过明白	87
一〇	吃价	68	三〇	门槛	88
一一	肩胛	69	三一	圈子	89
一二	洋泾浜	70	三二	红面孔	90
一三	十三点	71	三三	开条斧	91
一四	搭浆	72	三四	元宝	92
一五	赤老	73	三五	接财神	93
一六	卖屁眼	74	三六	拍笋头	94
一七	尴尬面挡	75	三七	泰山	95
一八	小儿科	76	三八	照子	96
一九	生活	77	三九	老虎皮	97
二〇	招牌	78	四〇	锡箔灰	98

[*] 编者注：此编中第83篇文章为"西只角"，无正文，故未收录。

四一	烧长锭	99
四二	捞毛	100
四三	华容道	101
四四	滚钉板	102
四五	金钟罩	103
四六	开苞	104
四七	拉拉手	105
四八	朋友	106
四九	打切口	107
五〇	桂花	108
五一	吃汤团	109
五二	壳子	110
五三	小开	111
五四	过房爷	112
五五	现世报	113
五六	梁山泊	114
五七	新龟	115
五八	雨夹雪	116
五九	麒派喉咙	117
六〇	剥田鸡	118
六一	老蟹	119
六二	烧香头	120
六三	开房间	121
六四	出风头	122
六五	触霉头	123
六六	桃花运	124
六七	滥糊	125
六八	撒烂屙	126
六九	海派	127
七〇	落路	128
七一	老大	129
七二	摆丹老	130
七三	颜色	131
七四	生意浪	132
七五	道地	133
七六	辣手	134
七七	拆牛棚	135
七八	钟派	136
七九	自说自话	137
八〇	迷汤	138
八一	热络	139
八二	桃色	140
八四	阿迷迷	141
八五	十一	142
八六	作死	143
八七	睬侬吴鉴光	144
八八	跑香槟	145
八九	勒煞吊死	146
九〇	郎德山	147
九一	石子里迫油	148
九二	阿姨	149
九三	天晓得	150
九四	狗比倒灶	151
九五	梁新记牙刷	152
九六	吃戳饭	153
九七	转弯抹角	154
九八	绣花枕头	155
九九	俚先生	156
一〇〇	开心	157
一〇一	握空	158
一〇二	像煞有介事	159
一〇三	牛吃蟹	160

一〇四	哽喉咙	161
一〇五	二百五	162
一〇六	鸭屎臭	163
一〇七	褪毛猢狲	164
一〇八	十四挡算盘	165
一〇九	黄河阵	166
一一〇	打呵吹割舌头	167
一一一	王三和人	168
一一二	把脉	169

新 语 林

一	上海啤酒	173
二	阳春面加念 八月之花	174
三	糟兄 梁新记	175
四	抹桌布	176
五	面包 摆测字摊	177
六	黄鱼头 照沙蟹	178
七	电话听筒 排骨四喜	179
八	龙头与拖车 吃汤团	180
九	黄牛 电疗	181
一〇	初一量米廿八吃 维他命M	182
一一	徐少甫门人 潮州门槛	183
一二	六路圆路 象牙肥皂	184
一三	吃豆腐 席梦思	185
一四	拖黄包车 邓禄普	186
一五	搭壳子 雌鸡啼	187
一六	条里麻子 横伊出去	188
一七	掼纱帽 飞洋伞	189
一八	剥猪猡	190
一九	剥田鸡 抛顶宫	191
二〇	越界筑路 赶猪猡	192
二一	扎台型 开荷兰水	193
二二	单面头照会 过期派司	194
二三	酥桃子 苗头	195
二四	玻璃银箱	196
二五	郎德山 虾米	197
二六	拖黄牛	198
二七	迷汤 牙签	199
二八	排三和土 挨血	200
二九	踏死蚂蚁当补药吃 求签	201
三〇	三点水 搭甜头	202
三一	半吊子 洋铁罐头	203
三二	弹子壳子 十一号车	204
三三	麒派喉咙	205
三四	玻璃杯	206
三五	茶花女	207
三六	雨夹雪	208
三七	坐飞轿	209
三八	香港饭店	210
三九	水头	211
四〇	寿尔康 捞混水鱼	212

四一	甩水　毕德生死	213	六八	拉台子	240
四二	花瓶	214	六九	丝棉被头	241
四三	沙壳子　灰钿	215	七〇	跑老虎	242
四四	提鸟笼　亨头	216	七一	搅老三姆	243
四五	拉司克	217	七二	落门落槛	244
四六	荣生牌	218	七三	钳伊出去	245
四七	去兜兜	219	七四	海参	246
四八	裴司开登	220	七五	向字头	247
四九	哑开	221	七六	皮蛋色	248
五〇	放单挡	222	七七	蝉螂头	249
五一	吃大菜	223	七八	大英法兰西	250
五二	走电	224	七九	抱腰	251
五三	流线型	225	八〇	捞横挡	252
五四	豆腐架子	226	八一	拉拉场	253
五五	红头阿三看门	227	八二	小抖乱	254
五六	大舞台对过	228	八三	蟹脚	255
五七	垃圾马车	229	八四	邪气	256
五八	烂糊三鲜汤	230	八五	咸肉庄	257
五九	大英照会	231	八六	咸肉草绳	258
六〇	弹性女儿	232	八七	砧磴	259
六一	扳道夫	233	八八	紫级	260
六二	大新公司　血汤血帝	234	八九	三向头	261
六三	卷铺盖	235	九〇	桥头	262
六四	白果媚眼	236	九一	吞头	263
六五	梅毒克星	237	九二	茄门	264
六六	叉烧包　电车路	238	九三	告地状	265
六七	阿咪咪	239	九四	金少山	266

附　篇目笔画索引 …… 267

尉迟梦/文　陈青如/图

上海新俗语图说

全文刊发连载于《社会日报》（民国卅三年五月十八日至十月九日），共52期，计41篇上海话俗语文章。

汪仲贤、许晓霞先生开把上海话俗语作成"俗语图说"之先河，其《上海俗语图说》在《社会日报》连载后受到读者广泛欢迎，"当时发现读者中每天剪贴保存，集成巨帙的颇不乏人，而因缺报莅馆补购，或重价征求之人，也户限为穿"（尉迟梦《写在〈上海新俗语图说〉付刊之前》），这正是《上海新俗语图说》连载刊发的大背景。

写在《上海新俗语图说》付刊之前*

尉迟梦

从明天起，本报将刊出一部图文并载的新著《上海新俗语图说》。这部作品是根据民廿三廿四年本报所刊已故名小说家汪仲贤先生得意杰作《上海俗语图说》而来。当时此文在本报连续刊载达数月之久，除由汪先生撰文外，插图部分则由许晓霞先生担任，牡丹绿叶，真有相得益彰之妙，所以在刊载期间，大为轰动读者，深得各方好评，本报销数，亦不胫而走。

关于上海俗语图说的本身题材，原来是极妙趣丰富而又雅俗共赏的，但一经汪先生的生花妙笔，为之渲染烘托，乃益妙趣横生，精彩纷呈，使读者阅后，津津有味，蘸着些麻上来，当时发现读者中每天剪帖保存，集成巨帙的，颇不乏人，而因缺报莅馆补购，或重价征求的人，也户限为穿，于是在胡雄飞先生擘划之下，决发行单行本，计印行五千部，竟于短时间内，销售一空，亦见本书受人欢迎的一斑。

汪先生于完成本书著述后不久，遽归道山，一代才人，不寿而死，诚文坛上一大损失，闻者无不扼腕。如今计算起来，离汪先生之死，以及单行本之出版，差不多将近十个年头，而在这乱瀛的十年中，上海社会，还是那么畸形，特殊，繁荣，奢靡！我们从那些摩登仕女，浪人大亨口中，却又听到许多为汪先生遗著中所未有的流行新俗语，因此，在这一个偶然的动机下，忽无意中引起我续貂之念，我想，假使把十年沪地发明的新俗语，汇集而成续篇，那不是件很有趣味的工作么？于是我就在拙作中讽示灵犀，愿自告奋勇，续成下篇，也算在本报革新期间，尽了一分心力。

现在，一切都已筹备就绪，绘画部份，已承丁老画师推荐陈青如先生，与我合作，我对于陈先生的妙绘，是十二分信任的，所引为虑的，就是我的一枝拙笔，实不能抵汪先生的大才于万一，我深怕鼯鼠之技，反贻刻鹄类鹜之诮，结果岂不自讨没趣？

---

* 刊发于《社会日报》，民国三十三年五月十七日，第四版。

一 向大人

平剧中的一出"三本铁公鸡",在上海整个社会里面,可说是妇孺皆知,最受外行看客欢迎了的。这一出戏唱了三十年,叫座还没有衰退。廿年前的勇猛武生何月山,就单靠此一戏而成名。到了廿年后的今日,李少春叶盛章每贴此戏,还是照样客满。

因三本铁公鸡的受沪人欢迎,于是连带地使戏中的人物,也家喻户晓,其间主角共有两人,一是张嘉祥,一是向荣大师,上海对于任何事物,素来不求甚解,除记住了个张嘉祥外,对于向荣的台甫大号,就很少有人注意,大家为便于记忆计,一律以"向大人"呼之。

戏中的向大师是归做工老生应行,穿的黄马褂褶衣,戴的双眼花翎,五柳长须,倘化装得逼真一点,那么还戴上一副老式玳瑁眼镜,拖上一根小辫子。但本文中所提及的"向大人",却又是另外一种和戏中人截然相反的人物了。原来在最近十年来,上海的向导社风起云涌,向导姑娘成了冶游场中的新职业,她们打扮得花枝招展,到旅馆菜社里去出卡,有辈油头粉脸之徒,见她们擦身而过,照例要议论纷纷,揣测其身份职业,结果苗头轧准,大家歪歪嘴,会意道:"迪只瓜老是向字头!"但说到"向字头"三字,还觉并不暗藏,于是是把三本铁公鸡里那位亚耳迈,拿来借用一下,呼她们为"向大人"。

久而久之,这"向大人"三字,便成了向导女郎的专门名辞。

上海的向导社事业,约可分为两个时代,一是初创时代,约在战前二三年前间,本市的向导社,最盛时多至数百家,后来当局一度取缔!就晋人另一"歌女社"时期,其实歌女社便是变相的向导社,而所谓"歌女出卡",也就是"向大人赴宴",说不定下文便来几场真刀真枪,特别打武。

向导社中的人品真可以说声良莠不齐,妍丑不一,有几位从前做过向大人的,现在已变成海上第一流红舞女,像目前舞场中最亨的"天地人和"四宝,便有一半是出身于向导社。而有许多却已做了正式人家人。

就以目前在歌女社当歌女的人物而言,其间也有一部份是迫于生计,不得不走到这条堕落路上,但却还能葳蕤自守,择人而事,而另有一批淫娃贱姬,却出卖灵魂,成了变相的卖淫,在旅馆里随时可叫来谈判夜厢。所以每天早上,我们常在各旅馆门口,见到这批向字辈,蓬了头,走出旅馆,其情形之狼狈,倒很像铁公鸡中的向大人,被铁金翅用火焚烧,变成个乌焦木人头。

向大人的身世也真可怜,她们出一点钟的卡,虽说有一百元上下,但被社中拆去一半外,还得孝敬旅馆的仆欧,给与三成由头。

二　黄牛

黄牛之义广矣哉！

曰"轧米黄牛",曰"赌台黄牛",曰"说出话而不负责之黄牛",曰"在马路上搭棚之黄牛"。

"黄牛"两字之最早流行于沪人之口,当是指说话不负责之黄牛而言。若照字面解释起来,"黄"者,"黄绿"也,"牛"者,"牛皮"也,连起来便是说其人讲话做事,全本黄绿牛皮,毫无信用。

所以,托人办一件事,最后还得敲订掮脚,关照对方:"老兄弗要黄牛。"又譬如已发觉对方失了信,委却了责任,便埋怨道:"侬档码子专门黄牛。"

上海白相人的信用完全建筑在"肩胛"上,所以给人排难解纷,拉台子讲斤头,心须自己摆肩胛,不作兴过桥拔桥,食言而肥,否则其人就变作了"黄牛肩胛"。白相人而一味的黄牛肩胛,那么就一辈子不会窜得起来。

赌台黄牛,是寄生于赌场中的一种领港,专替洋盘赌客代为下注。其间有家牛与野牛两种:家牛是已经赌场甄别鉴定,准许其在场内代客服务;野牛是全靠自己在场内外拉牌头照开销,与赌场并无关系。他们代客下注,是规定赢了钱三七分账,反正并不是自己的钱,所以落得大刀阔斧,狠狠的扑几下子。

不过无论家牛野牛,每次下注,必须谨守赌规依着一定的路线押注,否则其人将从此走不进这只龙门台。

黄牛必须擅长辞令,拉牌头时,说得花好稻好,噱头十足:两百块钱着两个连响,可变一千六百,一若牌头可以稳照,引得对方心活忒忒,摸出赌本,同去派窜头。结果赢了三成佣金,已被扣去,输了却摸摸屁股,摇摇头皮,顾而之他,赌客至此,才知他们说话完全黄牛,毫无肩胛,"黄牛"两字之得名,便即基此。

在路上摆棋摊，或赌摊，呼集几个同党，冒充路人赌客，专以勾诱一般初来上海的乡曲，见他皮夹摸出，便谎称巡捕来了，七脚八手，你抢我夺，呼啸四散。这种摊子他们行伍中称之为"黄牛棚"而搭黄牛棚的却多是些赌场里淘汰下来的黄牛。

在战后几年中，上海又出现了一种"轧米黄牛"，其声势可也不少。当户口米没有计口配给以前，各米铺发售平价米，卖完为止，不凭米票，于是穷苦平民，必隔夜在米店门口排队守候，这时就产生了一种轧米党，只要有两个人轧进在内，便可在中间插进若干人。结果真正安分的平民倒买不到米，而却被黄牛群包办去了大半。当时捕房方面，就会出动大队探捕，把这班黄牛党一连串的捉进去，像是从前青岛运来的一批小黄牛，送进杀牛公司。

其实黄牛是牛肉中最美味的一种，只有上等的西伙食铺，才出售真正的青岛牛肉，而肺腑牛排更为餐盘中珍品，但为什么上海人竟把这太牢圣品，比拟那些低三下四之人呢？唉！（编者按，尉迟梦先生这最后一声长叹，倒是名符其实的"黄牛叹气"了，哈哈。）

三 开汽水

舞台上的伶工，唱戏唱得荒腔走板，台下的看客，便扰了起来，报以嘘嘘之声，这声音很像是在开汽水，所以沪谚称唱倒彩便曰"开汽水"。

开汽水是出于大多数人的幸灾乐祸心理，其结果往往造成极严重的后果，记得前年马连良在天津中国戏院唱八大锤断臂说书，忽然无心把左臂弄错，台下报以一阵开汽水声，他羞忿之余，竟在散戏后奔至白河滨，向滚滚江流下跃身而下，欲演屈大夫的故事，这是因听客开汽车而几乎酿成命案的殷鉴。

在戏院里面，还有种故意捣蛋的集团开汽水行动，其动机往往为了和唱戏人难过，为报复计，就结了许多伙伴，占据四座，俟伶人出场，便不管唱得好和坏，一致报以嘘嘘之声，使对方僵在台上，不能安心唱戏，这种有组织的破坏行为，不免近乎恶作剧。

在跳舞场里面，也时常有种邓禄普之流，灌饱了老酒，理智与廉耻俱泯，也不量量自己对歌唱有多少"天才"，若一时兴起，竟大胆踏上麦格尔风面前，以破毛竹的喉咙，唱起流行歌曲来，此其结果，便也正广和屈臣氏，老德记一齐动员，使满场舞客的情绪起了化学作用，好像小苏打遇到柠檬酸，立时鼓沫作汽，引起全场的开汽水声！好在此辈该了一副又坚又厚，钻都钻不进的车胎脸皮，纵然台下汽水开足，也就当俚无介事，俗谚所谓"天下无难事，只怕老面皮。"面皮一老，开汽水的功效也就等于零了。

这几天气候热起来了，汽水的销路便大增，成为夏令应时的饮料，而在听歌观剧之际，我认为在这热天气还是安分一点，少开汽水为妙。

四 照侬沙蟹

"沙蟹"是一种舶来品的赌博。在五十二张扑克牌中,可以化成许多种类的赌法,沙蟹便是这许多种扑克赌经中的一种。

中国把富有哲学意味麻将牌介绍到外国去,而外国却把"卖野人头"的扑克牌介绍到中国来,说句时髦话,这也是国际间的一种"物物交流"。

沙蟹之戏最初流行到上海,提倡响应最力的,当推在本市拥有大帮势力的崇启海籍包车夫。他们每天拉着主人上茶会进写字间,一空下来,几个贵同乡聚在一起,便以沙蟹为日常功课。玩的方式很简便,只消把弹簧车垫下面一块木板取下,搁在车梗上,便可以六七人围起来聚赌。

想不到这下层阶级流行的赌博,在近几年间,竟大行于上流社会中;有许多该血朋友往往在这上面,做几十万输赢。但论起辈分来,包车夫是打沙蟹的先知先觉者,是处于老前辈的地位,而该血朋友却是后进,应该对崇启海籍的老前辈致最敬礼。

打沙蟹最结棍厉害而又难触祭的一记生活经,便是本文中所说的"照侬沙蟹"。原来赌沙蟹想赢人家的钱,其不二法门,乃是梢长本厚,自己手里钱多,可以欺压资本短少的弱小民族,逢到手中一有好牌时,便可争得主动的地位,向对方施行坚壁清野的歼灭战术,把对方手里的钱一网打尽。这种赌法就叫做"照侬沙蟹"。

"照侬沙蟹"这句话,本来只限扑克局中通用,但久而久之,却被人利用到别地方去,成为一句流行的上海新俗语,我们在外面跑跑,随时可在白相朋友口中,听到这句话。

这里我们可举几个例子出来:

几个人上餐馆去小酌,没有问明菜价,只管点下锅去,等账来一看,却是一笔出乎意外的数目,把各人袋底里的钱拼拼凑凑,刚足应付大小账,这时各人袋底都已拍空,真所谓一顿饭吃下来,钞票照侬沙蟹了。

　　一辆汽车中坐满了趁客,过桥之际车夫不慎,竟坠入数丈深渊中,人车俱毁,全部殉难,因此许多条性命,害在汽车夫一人手里,而一齐"照沙蟹"了。

　　小老婆跟人逃跑,把所有的珍宝饰物,细软东西,全完席捲以去,这也是照侬沙蟹,要侬好看!

　　还有警探根据密报,去捉私燕子巢,里面烟老板,烟伙计,男女烟客,没有逃跑一个,齐被捉进香港车子。这一捉可算是一网打尽,老板吃客,亨百冷一齐照沙蟹。

　　这样看来,"照侬沙蟹"是一句不吉利的俗语,无论是指金钱,财物,生命,一经沙蟹,就完完大吉,玉石俱焚。这几年来,上海的赌风大盛,正有不少赌场孝子,倾家荡产,坚守自道,弄得信用,财产,职业,全部照了沙蟹,最后是路毙于水门汀上,全身佝偻弯曲,其所状正像是"沙"地上的一只死"蟹"呢!

五 邓禄普

据说近代科学进步之结果,单是橡胶一项,可以化学方法,配合成千余种软硬韧脆不同的橡皮,以制造千余种不同的器物。其间有薄似蝉翼,软若酪酥的子宫避孕器,有坚如铁石的胶木绝缘板,至于橡皮中最韧最老的一种,那当推汽车四轮上的打气外胎。它的又老,又韧,又厚的程度,这是谁都知道的。

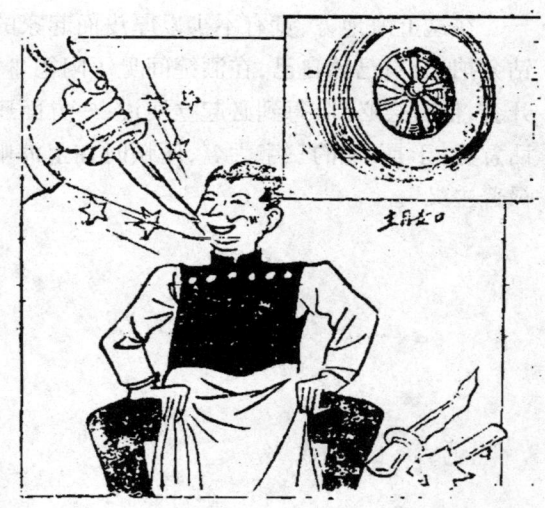

汽车车胎中牌子最老,货色最好,外销最广,名气最大的当推"邓禄普"与"固特异",而前者的历史信誉却更较后者为老,所以上海人每形容那人皮张之厚,面盘之老,就赐以佳号曰"邓禄普",意谓其人之面之皮,即厚而且老,足与车胎中牌子最老的邓禄普争一日之长。

欲证明邓禄普优良之质索,你可以向臭皮匠商借一尖锥,用力地钻上去,你满以为一锥刺进去,深入里胎,立即洞穿泄气,但结果却是恰恰相反,原来锥子刺上去,车胎上发出惊人的弹力性,把锥弹回,用目细观,只见车胎毫无损痕,而那尖锥的锋口,却已弯折变钝,成了废物。诸位请想,邓禄普车胎质地之坚韧,竟胜过了钢锥的锋口,那么一个人而具有邓禄普同型的一只面档,也不言可知,其人皮张之老,简直用细沙皮去擦,用保安刀片去刮,用螺丝钻去旋,都是不足以损其毫末的。

常言道:"天下无难事,只怕老面皮。"意谓一个人走遍天下,对什么样人什么样事,都有斡旋应对的方法,独怕是那人面皮一老,那就措手无策,绝门绝路。

因为一个人面落得厚皮嘴脸,老老面片,那么他的廉耻也不要了,信用也没有了,体统也不存了,你骂他是乌龟,他说人而有乌龟之寿,倒是前世修来,你詈他是强盗,他说强盗有侠义精神,其行可敬,你没有邀他吃饭,他只管跟你跑进餐馆,你以怒目相向,他以笑脸答敬。在外面跑跑而碰着迪票邓禄普仁兄,真是作孽前世事!

然而上海之大,姓邓名禄普之流,固所在皆是,仆仆难数也;反正其人面档一老,才有饭吃,这年头而若顾到廉耻礼义,体面人格,面皮稍微嫩一点,那简直会饿瘪肚子,天天唱空城计的。

凡是邓禄普阶级,往往其本人根本不知道是邓禄普。要是他自己懂得羞耻,就根本不会做厚皮了。

在这上海地方,竟有不少以厚皮而起家的二等闻人,他们唯一的成功秘诀是会钻会拍,会自己捧自己,在酒筵间见了阿德哥林康老,就洽老康老的叫个不休,每逢开会,他有会必到,每到必起立演说,一方面还利用几个报馆记者,在报上发表些谈话意见,于是,他的三字大名,便顿时在上海响了起来,他的成名便得力于这一"邓禄普主义"。

六 金少山

"十三点"这句话,在近年上海舞女地界,流行一时。她们见客人中带点十三点色气的,不便明言,便自出心裁,翻出许多关于十三点的暗号切口,不久这切口也就转辗流传,人人知晓。其间最流行的几句,如"么五么六""赵老开""电话听筒""金少山"等,到现在连三尺孩提,都形诸口头了。

在这几个"十三点"切口中,我以为若论含蓄意义,当以"金少山"为最贴切,因为无论老秤新秤,一斤都共有十六两,一斤中少去三两,便剩十三两,秤杆上的斤两是以一点点金星为记,十三两也就是十三点星,所以以"金少山"来代表"十三点",一经解释,便使人恍然大悟起来。

据说角儿中的金少山,的确具有浓厚的十三点脾气,谓余不信,可举几件事实为证:

金少山在北平时候,很知道市恩于贩夫走卒,他坐起洋车来,给值总是倍于常人,因此到了他上戏时份,许多辆洋车麇集门口,都希望金老板照顾他生意,有一次少山出门时,见七八辆车抢做他生意,相持不决,于是他跨上一辆洋车,而命其余几乘,只管拉着空车,尾随于后,因此一路之上一队空车,跟着他飞奔而进,引起路人的好奇心,而他却顾盼自豪,洋洋得意,等到了戏院门前,照例每辆车开销双倍的车资,使每个车夫都笑逐颜开,向金老班谢赏。

诸位请想,凭着他这一点的事实表演,那就已十足表示了他的十三点作风;何况下面还有件比坐洋车更瘟的事实呢。

这一次皇后请金少山到上海来唱戏,可说是费尽了九牛二虎之力才成局的,因为这几年来,本埠各大戏院都会有请金南下之动机,结果都未谈妥公事,最后却终被皇后请到了。三个多月唱下来,皇后在他身上,果然捞了一票,但在此公登台期间,架子之大,却也使老班疲于应命,每晚上戏,总是要经催戏人三请四邀,才肯到场,而新年中不唱日戏,又皇然载诸合同上,更使老班不敢作"非分"之请,结果院方在营业上果然获利无算,而供应于少山一人身上的钞票,却也占了一笔极大的数字。

等合同唱满之后,院方因少山已接南京方面定洋,就想即日停止伙食,结束一切供应,但那知少山于此,老脾气又发作了,他宁愿让南京戏院停锣以待,迟迟其行,而却留恋上海不去,依然吃的皇后,住的皇后,有此间乐不思蜀之概,皇后每天要结交他几万元的食宿费用,见他一天天耽搁下去,真叫召之不肯来,来了又不肯出松,惟有急得在肯后跳圈而已。

有人说这就是金少山的"金少山脾气",他是出名的"烂脚头",到了一个地方,就轻易不肯再离开,否则何以他一回北方十年,直至千呼万唤以后,才卷土重来呢?

其实"十三点"究竟是怎样一种神气模样,上海人早已理会,固无待于鄙人之解释举例,总之性情多言好动的人,往往易流于十三点,一句别人所说不出的话,他竟说了,一件别人所不好意思干的事,他竟干了,这便成为标准的"十三点色气",实则凡是十三点型的人,倒是个个天真坦白,胸无城府的。

七　派头一络

上海人在社会上做事,最讲究"派头",纵其人一家七八口,住的亭子间三层阁,可是走到外面,却不能不维持大少爷的派头。有人说上海人的一家一当,几大半布置在身上,往往走出来卖相十足,神气活现,而家里的黄脸婆却等着老公拿夜饭米钱回去,开晚上的伙食呢。

"派头一络"这句话,照字面上讲似乎太觉含糊,分明只说了半句,没有下文,试问这"派头一络"之下,是指的"一络大",还是"一络小"呢?可是上海人说话,就惯用半句头的缩脚韵,当我们听

到"派头一络"这句话时,么么无论三尺童子,都知道这是指派头大的一面而言,在外面跑跑的人,那更不消说是懂得此中含义了的。

就处世术上说起来,在上海混日子,派头两字,的确占着重要一课。因为你跑到任何地方去,要是身上皮子挺,卖相足,坐的自备包车,那么从司阍人目光看来,自会凛然生敬,不肯怠慢,到处受着抬举。

至于在外面交朋友,千穿万穿,马屁与派头弗穿,只要你肯在人前多结交一些酒肉,逢到请客,当仁不让,绝不在小处计较,这种派头落在人家印象中,也保证春风之外有夏雨,多一晋身之机,不会吃亏到那里的。

在女人面上,派头更其要紧,尤其是和舞女歌女妓女色迷迷,手面要阔,不能狗皮倒灶,因为凡是风尘女子,虚荣心最大,她们和男客一起游宴,最怕是碰到象牙肥皂,派头小得一眼眼,连自己的台都被坍光。迪票仁兄,她们认为只此一遭,下不为例,所以结果取厌于女人,永远得不到美人的青睐。

跑到外面,人家赞你一声:"噢唷!老兄今朝派头一络,真有罩势。"那么你在上海差不多已算是个混出道的人物了。

上海新俗语图说

八　打气袍子

上海是个富有诱惑性的都市，化钱的机会，比内地多，在这环境下，便产生了一种"杠皮大少"，他身边时常搁血，而偏欢喜吃喝嫖赌，于是到处臭盘，做坍牌子。

有种桂花小开，虽说手头拮据，内容空虚，而身上的皮子却不肯妈虎，他全靠这身上的一副行头卖相，在外面走动，保持一点极体面，但也有种连这一点点皮子都不能保全，他们英国货的哔叽呢绒袍子做不起，于是到衣庄店去，买一袭现成的棉袍子，穿着度过一冬。

衣庄店里的货色有两种，一种是原当旧货，里面也有很吃价的真丝毛货，但另有种小衣庄同业，却雇用了裁缝，自制新货，以现成的袍子衫裤叫售，衣庄方面为了要减轻成本，所用衣料，都是拍卖下来的次货贱货，那种人造棉袍子的面子，是一种用破棉败絮纺织成的劣料，穿过几时，便立即起灰化作用，一经雨淋，更缩得像女人旗袍一样。

棉袍子所衬的棉絮，也是用旧货换担上收来的破棉花絮弹成，再加衣庄店的裁缝，以粗制滥造出名，那败絮衬在袍内，从不用线行住，于是穿过一阵之后，那棉絮根本已无纤维成分，纷纷坠落于衣钩两角，呈上轻下重之势，这时袍子的上半部便片絮无存，只剩空壳，老北风吹到里面，正像一只打过气的橡皮气枕，而所谓"打气袍子"的出典，便即基此而得名。

在朔风凛凛之中，穿了这打气袍子过市，委实有些我见犹怜，但也有种杠皮小开，恬不知耻，身上穿了衣庄店买来的打气袍，头颈里围上一条冷冰冰的丝围巾，居然出现于跳舞场、咖啡馆、跑冰场中，这种人真可谓死要白相了。

九 孔子

上海是个白相人的世界,在外头跑跑,在社会上混混,似乎不认识几个白相人大亨,就不能算兜得转朋友。

白相人非人人可做,第一个先决条件,是必须进门坎。上海的门坎中人,计分着青红两大帮,青帮便是安清系,是以"大通悟觉……"来分辈分,目下最吃价的要算大字辈,在大江南北,此种大字老头子,已先后凋谢,所存无几,所以论到撑市面,现在应该通字辈悟字辈,最为当令。

安清中人对于收徒弟,仪式甚为隆重,进门时候,必须有人引荐,行过三跪九叩之礼,投上红帖,然后定下老头子小脚色的名分;但现在此中人对于收徒礼节,已较从前随和,也有种人,却是投的门生帖子,改称师生,这比诸拜老头子,更来得介乎了。

红帮即是洪门,无辈分长幼之分,抱的"四海之内皆兄弟也"宗旨,一律称兄道弟;但在弟兄之中,却分出老大老二老三老四……他们许多人结成一组,称之为"山头",每一山头,各奉一老大,开起向堂来,比诸安清还要隆重庄严。

在上海社会上占着很大势力的,便不出此青红两帮中人。他们之中,有许多人是凭着赤手空拳,打出一片天下,一旦奋斗成功,便声价与日俱增。拥有门徒数千,在各方面都相当兜得转,便是官绅中人,为了施政业务上之便利,也得去联络联络他们,互为利用。就以战前上海而言,三大亨中的杜黄张,其在社会上所拥的势力,真是不可轻侮。

由于上海白相人之与社会名流,工商巨子,意气打成一片,互为利用,于是使社会上产生了另一种特殊人物,此种人在白相人地界,相当兜得转,在社会上也活动甚力,但他本人并未拜老头子,进过门坎,于是,为有别于白相人起见,便为另定一名称,叫做"孔子"。

白相人所以称此种人为"孔子",不外两种解释,一是跟着宗教制度而来,因为儒释道三教之中,释和道是有形式之教,儒流虽尊奉孔子为至圣先师,其实不成其为宗教,所以除了释道两教信徒外,读书人一不信佛,二不吃素念经,只能称做孔门中人,现在此种人一不是青帮,二不是红帮,因此也就称为"孔子"了;至第二种解释,较为带些轻视性,这里的"孔"字,是作"空"字解,意思是说那人并无老头子,完全脱"空",仅是在白相人淘里空搭讪而已。

在上海,"孔子"也占了一部分的活动力,他们最初原不想做白相人,但后来因环境关系,渐渐在白相人淘里混熟了,自己也染上了白相人的色彩。有几个自己既无老头子,当然也不能收小脚色,于是改为收门生,算是师生关系,其实这已成为变相的开响堂了。

一〇 **糟田螺**

"糟田螺"这句俗语原是根据一"糟"字而来,这是上海人流行的一句骂人口号。

"糟"字的解释,是和"瘟""屈""寿""洋"等大同小异,不过上海人对于这批糟字辈,似乎特别来得客气,与之称兄道弟,而尊之为"糟兄"。有人说,上海的洋盘,屈死,阿木林都已老成凋谢,现在代之而起的,却是一批糟兄糟弟,这好像富连成班里的喜连富辈已经老去,而却后浪摧前浪,换上世字辈元字辈,来作中流砥柱,其实无论为喜字辈世字辈,总是一个戏祖师傅下来,"瘟""屈""寿""洋""糟"虽亦辈分不同,而其行动举止,却也是一个师父传下来的。

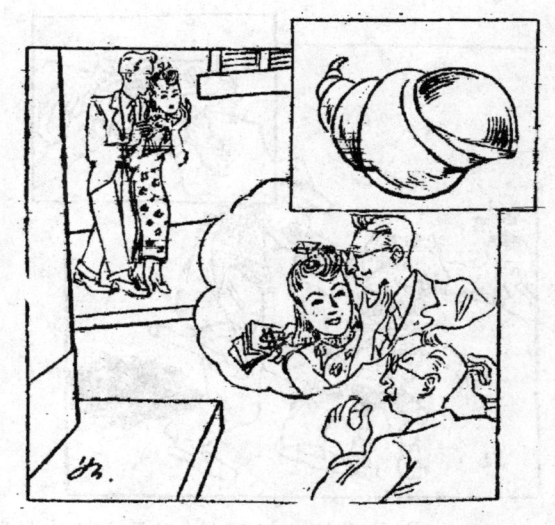

因"糟兄"而又盛行了"糟田螺"一语,其实是一而二,二而一的。糟田螺是上海街头最普遍的一种食品,穷苦市民,因为鸡鸭鱼肉等荤腥,从不到口,每天只吃些青菜豆腐,嘴里馋牢牢,需要荤腥来调剂肠胃,但鸡鸭又吃不起,所以见了糟田螺,都馋涎欲滴,好在价钱很便宜,化几块钱就可吃一碗,也算是当过了荤腥,所以糟田螺倒是上海平民阶级调剂口腹的恩物。

但因为它这上面有一个"糟"字,因而被人移作骂人俗语,凡对于洋里洋气屈搭搭的人,就以"糟田螺"呼之了。

剥田鸡

上海的扒窃党路劫匪,也分成各种帮口,各有其党派地段。其间每一种勾当,都有一切口,譬如称抢帽子曰"抛顶宫",称黑夜路劫曰"剥猪猡",称抢劫妇人饰吻曰:"看阿舅",称抢劫乡下人包裹曰"看娘舅",称朝上撞门行窃曰"跑早清",称衖堂偷马桶曰"搿猪头。"……

这许多行当,数年前会猖獗一时但自自警团站岗制成立以来,治安方面,的确改进不少,例如最风行的抛顶宫,近年已逐渐减少,仅偶然发现几次;其未能澈底消灭的,只是电车中的胠箧,和黑夜的路劫而已。

据说这些本领高强的软扒党中坚人物,近年经当局不断的搜索弋捕,倒有一大半落网,现下正在提蓝桥监狱里坐长监。所以此间各马路各地段上,倒已平靖了许多,仅有一批第二流党徒,今暗中活动而已。

上海的著名扒窃巨头,即一个个跌进了馋牢,于是使此辈心胆渐寒,锐气大挫,有人人自危之概,再自警团的岗位满布全市,严密监防,更使他们技穷计竭。在这情形下,因此他们不得不避实就虚,改变对象,专在未解事的小孩身上动脑筋,其方法是用计将小孩子诱至广野无人之处,将身上值钱的衣饰尽行劫去,弃诸路旁,在他们同行中,就称之为"剥田鸡",这可说是目前上海最猖獗的一种行劫方式。

在过去一时期内,上海剥田鸡之风会猖狂一时,这是由于上海人的居处湫隘,空气恶浊,不得纵容孩子们流连巷口户外,因此就造成了剥田鸡党的下手机会。

剥田鸡的方法,是大抵利用十四五岁的大孩子,和小孩混在一起。小孩的天性无不馋嘴贪吃,于是用糖山楂泡泡糖等去作诱饵,把小孩越骗越远,领到荒僻所在,便由大人动手劫掠,将身上的外衣饰物等,一齐剥下,然后弃诸僻处,逃匿无踪。

剥田鸡党把小孩们抛弃路旁,这已是罪大恶极,而事实上却有比此更残忍的案件，屡见发生，原来暴徒于掠劫之后，竟将无知小孩，活活处死，以致过去上海常有居户失落孩子，一去不返的惨剧发生，幸而最近经当局协力辑捕的结果，已将几个著名剥田鸡杀人犯拘案，由军法审判，处以死刑。这是杀一儆百之意，所以当皇皇正法告示揭出之后，居民无不称快。

避免剥田鸡的方法，惟有将家中孩子，严加约束，无大人陪伴，不准嬉戏于外。本报职员沈文德先生的四岁令媛，两月前也遭遇一次剥田鸡，第二天幸在闸北访到，这已是不幸中之大幸了。

一二 砍招牌

做生意人极重视一块金字招牌,历史愈久,信用愈著,招牌越老,生意越好。所以有几家老牌商店,为表示其历史悠久计,每在市牌或仿单上特别提出:"起首百年老店,开设于同治年间。"据说本市有一家扫叶山房书局,还是康熙年间开设到今的。

三马路大舞台后门的天晓得为了"文魁齐"三字招牌,不惜用乌龟作标榜,互相讽刺,到现在这两块牌子,虽年深月久,已呈晦黯剥落,但却还高高悬挂着。

做生意人恃一块招牌为生命线,轻易决不肯做坍牌子,可是在战后几年中,商业道德低落,就是最可靠的老店,也有砍招牌的情事,有许多牌子店,为了售价逾限,结果遭停业封闭处分,将一块金字招牌,完全砍掉。

其实一个人也等于一爿商店,必须信用可靠,诚实划一,然后才能做出牌子,受人信仰,倘专以欺诈浮滑手段对付人家,那么也等于砍了自己的招牌,至于信用破产,到处臭盘。

有许多小开阶级,家里有的是钱,可是因滥吃滥用,荒嬉无度,经济权又被家长所操纵,于是在外面举债签账,滥开空头支票,到了期付不出来,就此避匿无踪,结果就砍足招牌,由红牌小开,降为药水小开。

一三　绍　兴

上海人称那人做了一次瘟生洋盘,曰"做足绍兴"或"绍兴做足"。

随便那一句俚俗的切口术语,总有其来历出处,其间或则像音,或则象形,上海新俗语图说的主旨,便是在对目前上海流行的许多新俗语,作一番交代,说明其来源意义,但独于这"绍兴"两字,作者曾请教了许多冶游前辈,都不能道其来历,所以这里作者只能凭多方面的臆测,来从这两个字身上找一个水落石出。

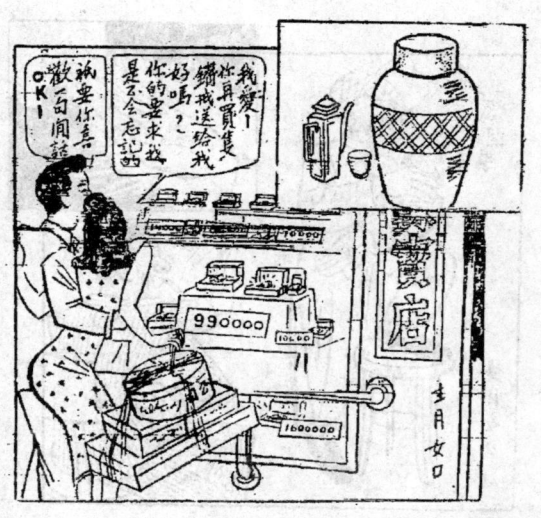

上海人称吃白食曰"扰";称人头多曰"兴"。有种人专扎小开牌头,终天混在一起,吃用白相,都照在小开身上,到了晚饭时分,一群吃白食同志,缠住了小开,共进餐馆,吃得酒醉饭饱,结果抹抹嘴,让小开会钞,所谓"绍兴",便是许多人头,扰在小开一人身上;而这小开乐于结交酒肉朋友,爱做阔少,在旁人看来,此人便是做足了"绍兴"。

譬如,你到跳舞场去,捧一个舞女的场,大家既无深一层关系,买三五百元舞票,已足敷衍,但被对方几句迷汤一灌,便一买就是八千一万,绍兴做足。又譬如这个东道不必你做,而你却抢来惠钞;一件东西,市上只值五千,而你却吃老虎肉,以一万购来,这种人都是十足道地的"绍兴"典型。

一四 摆句闲话过来

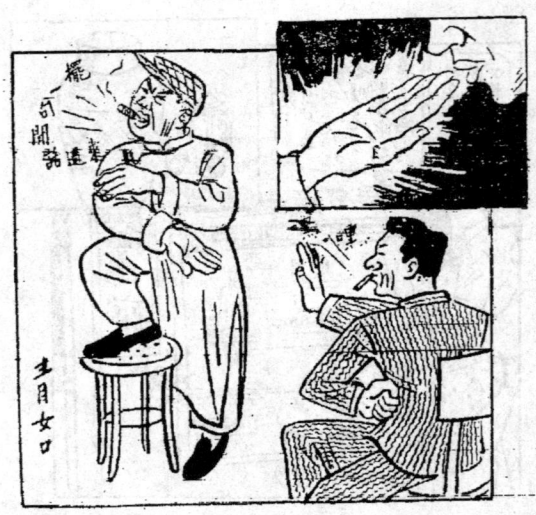

在上海地方混,所以要多认得个把老头子小弟兄,这是防万一受人欺侮,遭遇意外而下了台型的时候,可以走门路喊救兵,去扎回面子。

譬如你在大庭广众的游冶场中无端被人家寻轧头,装笋头,当众受辱,甚至被几个人拳而逐之,打得遍体鳞伤,这时你假使路道不粗,没有后援,那么一顿生活,等于白吃,也奈何不得他们,以后再要在白相场中出入,真是脸上无光,照势缺缺,但倘若你在外面人头熟,兜得转的话,那么"寒天吃冷水,点点在心头。"马上可以一个电话,颁来救兵,把对方轧住,大家讲起斤头来。

对方敢在外面动手打人,当然也不是好吃果子,一定也有靠山,于是这时双方列阵以待,开始谈判,先要问明对方的来历,是拜谁做老头子的?倘若双方都是熟人,那再好也没有,大家约期吃杯酒红红面孔,当场叫开,但倘双方各不相让的话,那么就要劳师动众,约在那家茶馆里,请双方老头子出场门法。

在这时候。那全要凭老头子的面子台型了,倘那老头子很吃价,而肯摆肩胛的话,那么不必亲自出马,只消派个小脚色去办外交,叫对方的老头子"摆句闲话过来",结果对方自知理屈,只能买账,就自愿拉几只枱子,点一付香烛,赔罪吃瘪了事。

"摆句闲话过来",原是白相人讲斤头的专用名词,可是现已流行沪人之口,凡要对方明白,表示态度,答应一件事,亦曰"喂!老兄!摆句闲话过来!"

一五　排骨四喜

跑进菜馆饭店去,你爱吃瘦肉的,可来一客排骨饭;但倘你胃口好,爱吃壮肉的,就来一客四喜饭,也有人欢喜瘦壮兼搭,就来一客排喜双浇。

有一时期,上海的菜饭店盛极一时,浙江路和湖北路上,鳞次栉比,无不生意兴隆。后来一辈好事之徒,渐把这菜饭店的两件名肴,拿来移用于形容人体,凡见身体羸瘦,肋骨暴露的人,就称之为"排骨";而见了身体肥胖,脂肪过剩的人,就称之为"四喜肉"。

自女人的旗袍时行短袖以后,那两条雪白的臂膀,和身上的曲线美,全部呈现于人前,从这上面,就越发能暴露其肉感身样。有几个健美女性,身材生得不肥不瘦,肌肉停匀,两条臂伸出来,既不嫌粗,也不嫌细,真是损三分嫌瘦,增三分嫌肥;但这种标准身材,简直不易多观。大部份女性,都患着过与不及,有几个病态美人,两条臂瘦得像竹节管,有几个胖妇人,两条臂壮得像白燉前蹄,要是这一肥一瘦,走在一起,就等于菜饭店里的一客排喜双浇了。

男女结合,也要身材相称,若男瘦女壮,像走油蹄上躲一只虾,若男壮女瘦,像四喜肉下衬竹笋底,都是齐大非偶。

一六 | 吃汤团

"吃汤团"这句话，流行于舞场中已久，本不应列于新俗语中，可是鄙人翻过汪优游先生的俗语图说，却未将此语列入，大概在十年前，上海人对于跳舞的兴趣，还很淡漠，而汪先生本人，又为不舞之鹤，所以他搜集资料时，没有注意到舞场方面。

跳舞场的营业收入，一半是靠饮料，色白洋酒西餐，定价倍于普通食堂；而一半却靠舞女扎了户头，购买舞票，与之对半拆账，所以越是红舞女，舞客多而报效钜，舞场里的进益也随之增加，结果你也去挖，我也来聘，在舞女大班看来，不啻是一株摇钱树。但有几个阿桂姐之流，每晚清坐在舞场中，直从黄昏坐起，坐到散场，却并无一个舞客光顾，结果舞票一张都没有签到，吃汤团了事。

舞场方面对于此种吃汤团舞女，真是"茄一百茄"，因为老班每天化了如许开销，原想在舞女身上照一大半牌头，现在三天两头吃汤团，不是要叫舞场赔贴开销，蚀煞老本？所以，舞女大班对于红舞女与阿桂姐之间，往往存着两种心眼，对前者是齐肩谄笑，马屁拍足输赢，对后者却吆喝备至，换上一副冷面。

上海滩上那个舞女不想出风头扎面子？所以她们对于吃汤团认为是件绝对下面子的事，但做一个舞女也不是容易之举，必须容貌、态度、应对，各方面及格，有几个面孔生得不争气，而又不会扎客人，于是只能贬入冷宫，天天吃汤团了。

一七 摆平侬

"昨日下午,××路上,忽发生一凶杀案,死者为新任某机关职员某君,当步上汽车时,忽有暴徒数人跃出,连开数枪,身中要害,当场毙命,凶手逃逸无踪。闻此次凶杀,实系出于挟嫌报复云。"

类此暗杀新闻,在战前各报本埠新闻上,是司空见惯的。

暗杀的动机既为了挟嫌报复,那么在暗杀之前,当然还有一段曲折离奇的情节,我们归纳言之,当不外:(一)权利冲突,(二)争风吃醋,(三)卖友行为,(四)逼人太过,(五)招怨结恨。总之为了个人的权利,功名,美色,不惜牺牲了别人,种下恶因,结果便遭了意外的暗算。不过,,遭暗杀的人,不一定是坏蛋,也有种人,为了忠于职守,为了维护正义,而为暴徒所算,做了杀身成仁的烈士,这种死是属于光荣一面的。

从前上海,在政治方面有暗杀党,在白相人方面有斧头党,都是扰乱治安的魔鬼,倘你结怨于他们,他们就从威吓警告入手,以"摆平侬"为要挟。这句话顾名思义,当然容易解释,便是用断然手段,将你的身体摆平于地上。

因此,战前上海所发生的许多暗杀案件,若一按其内容,什九是有组织的预谋行为,是在履行着"摆平侬"的手段,从口头要挟而进展到实际动作。

其实天下的事,冤怨相报,循环不已,是永远无尽期的,就算你凭一时之怨毒,摆平了人家,难道就此胜利到底,而不提防别人来摆平你?要言道:"冤家宜解不宜结。"大家有难过,还是讲讲开的好,何必定要口口声声的说"摆平侬"呢?

一八 樱桃角得

白相人对于人体上的五官器具，多有现成切口，如称眼睛曰"照子"，称耳朵曰"顺风"，称舌头曰"门枪"，称嘴巴曰"樱桃"。……

"樱桃"这两字，出诸白相人口，虽觉俚俗不堪，但实际却是从古诗文中划拆得来，白乐天诗云："樱桃樊素口，杨柳小蛮腰。"这足见古来的骚人雅士，也都以樱桃来形容妇人之口，惜乎降至今日，这樱桃两字，被白相人一用，便由斯文文卷气，一变而为市井俚语。

我说上海的一批宝字辈舞女，她们对于切口术语，都是有发明的天才，近年上海社会中，所流行的许多新俗语，倒有一半是从她们这一帮口里传授出来，由舞场宣扬到外面的。单说"十三点"一名词，在她们嘴里，却变化成许多暗号别名，真有点想入非非，再说这"樱桃角得"一语，最初也是盛行于舞场里，到近年才流行于全沪。

"樱桃角得"的解释，是叫人家嘴巴留神，保守秘密的意思。一个业货腰的舞女，她日常的生活是浪漫的，交际是多方面的，手腕是灵敏机警的，遇见怎么样的客人，就说怎么样的话，用怎么样的手段，她在甲的面前，决不肯道出和乙丙丁间的关系，所以一切行动举止，须随时保守秘密，樱桃角得一语就渐渐成为她们的暗号。

苏州人有句俗话，叫"千肯万肯，只怕嘴弗紧。"这是指女人偷汉子之言，偷汉原是件秘密的事，大家结识之后，暗来暗去，只有天知地知我知，最怕是男方声张招摇，把搅女人当作一件有面子的事，逢人告诉，这种人在女方看来，认为是最忌讳最要不得，所以此后她们物色对象时，第一个先决条件便是看对方嘴巴是否紧密？若进一步而已发生关系，那么更应叮嘱对方"樱桃角得"保守秘密。

舞女因为有营业收入关系，所以周旋于许多客人间，其行动去处，更不能公开，譬如她和甲有了关系，那么须把这重关系严密保守，双方相约"樱桃角得"，否则风声一泄漏，乙客那还肯用钞票做瘟洋盘，来源源报效？

每个舞女都有其热络的小姊妹淘，大家朋友轧得知心，对于"胡老"地界的事，由然无隐瞒的必要，反正大家要互通声气，但在外边人面前，却须绝"樱桃角得"，不能把姊妹淘里的宣泄于外。在舞场里面颇多一种口没遮拦的十三点舞女，她们虽然并不故意想砍姊妹淘的招牌，但有时神经发作，一时忘形，常会揭人私隐，所以这里舞女与舞女之间，每逢紧要关头，就要以"樱桃角得"一语来作警告暗示，促起对方的注意。

一九 装胡羊

羊是六畜中最驯善的一种,它们最肯听人指挥,从不知道起来反抗,虽说屠夫手中的尖刀刺到它的颈项里,它也不知道采取自卫的方法,来和对方抗衡,它只知道哀鸣,在临死之前,还希望有人站在人道立场上,为弱者呼援。可怜这懦弱的动物,因为自己没有抵抗的能力,终于几千年下来,一向处于被凌辱的地位,做了人类和猛兽的美餐。

羊的性情既如此驯顺,所以我们形容那人温良和善,不与人争,就称为"驯若绵羊",这种人果然是善良之辈,忠厚可爱,但遇事过分畏缩,优柔寡断,专听妇人之言,这也失去了丈夫气度,将被人目为"戎囊子","瘟胡羊"。

在上海地方,除了十足道地的胡羊之外,还有种假胡羊,实际上,他的性情并不好惹,对于人情世政,门槛全精,但有时为了事情轮到自己头上,要自己摆肩胛用钞票,那么就面皮一老,装出胡羊眉眼。我们在外面跑跑,这种人往往碰到很多,要是你一个疏懈,真当他是穷光蛋,那么正中了他的诡计,他也落得抹抹嘴扰你一顿,让你去破钞了。

越是钞票多的人,越会装胡羊,因为他要是不这样装腔作势,那么亲眷朋友,都来求贷,寻开销敲竹杠的人,户限为穿,偌大家产,就难以久享,所以富人装胡羊,倒是保身家的不二法门。

二〇 戎囊子

本文中所搜集的资料,虽总其名曰"上海俗语",其实这里面显然分着两种不同的语类,一种是出诸社会一般仕女之口,乃是广义的俗语,一种是限于白相人的切口术语,乃是狭义的俗语。像今天所谈的"戎囊子"三字,却是属于后一类,乃为纯粹的白相人切口。

"戎囊子"是一句骂人的流话,其意义与"饭桶"两字相同,乃是说那人讲话做事没有种,受了人家的欺侮,而不知取自卫手段,结果忍辱含羞,吃亏了事。

要是换句新名词来解释,那么戎囊子即等于鲁迅翁笔下的"阿Q精神"。考"阿Q正传"中的阿Q,他受了人家凌辱,从来不敢起来反抗,只会背人詈骂,自己乱咕一阵,算是一种唯一的报复行为,藉此来安慰自己,现在白相人口中的所谓"戎囊子",也正是此类精神胜利派的典型人物。

白相人素来讲求侠义精神,路见不平,尚且要拔刀相助,何况事情轮到自己头上,更应该维持个人威仪体统,以求光荣的结果,要不然,受了亏而畏缩不前,吃瘪了事,那以后还能在场面上走动么?所以在他们心目上,认为"戎囊子"是最起码的人物。

白相人的切口,往往字面很怪、无可解释,譬如像这戎囊子三字,照字面看来,就很难逐字注解,总之,这或许根据"脓包"一典而来,北方人称那人不会做事情曰"脓包","脓包"和"虫囊"意义可通,所以"戎囊子"应写成"虫囊子",较为妥当。

一个人当仁不让的时候,就该挺身而出,放出一点节气来,争取公理。譬如,你在马路行走,被人无端享以雪茄五支,这时有点骨气的人,就决不肯委曲忍辱,必得据理力争,求一公平的判断,最怕是吃了耳光,抚抚皮面,陪着笑脸,或是溜之大吉,这种人便成为最没出息的"戎囊子"。

一个忠厚无用的人，他平日畏缩怕事，处处退让吃亏，那么这些事实表演于人前，便自会被人得寸进尺，明欺暗算，结果祖宗的产业被人夺了去，金钱财物被人骗了去，妻子女儿被人奸了去，弄得自身不保，完完大吉，做了困马路的瘪三。像这种标准的戎囊子，在我们眼睛里面，是所见甚多的。

我们觉得这个世界，是弱肉强食的世界，所以戎囊子千万做不得，否则脚脚退让，自有人脚脚进逼，终予做了亡国奴。

二一 伸 梢

常言说得好:"瓦爿也有翻身日!""英雄何论出身低。"一个人在穷愁潦倒之际,住的是鸽棚式小客栈,吃的是么六夜饭,穿的是打气袍子,孵豆芽当作家常便饭,打相打勿要摆勒心浪,在外面混日子不易,便到提篮桥去小住几月,吃二十四两的卫生囚米。

但这种人非注定一辈子孵豆芽,一旦时来运济,机会到来,那么不消几年工夫,就由起码白相人一变而小大亨,由小大亨一变而为海上闻人,这时大家一致羡慕说:"某某现在伸梢了,活得落了。"

白相人称金钱曰"血";亦曰"梢",所以说那人一向杠皮,忽然该了钞票,就称之为"伸梢";伸梢是一个人从孵豆芽转变到活得落的转捩点,目前上海有不少所谓"闻人""大亨",大抵是从六马路小弟兄淘里奋斗起来,而有今天伸梢的一日。

照上面所讲的,似乎"伸梢"两字,只限于白相人通用,其实这句俗语虽然是从白相人方面流行出来,到现在已普及各界,凡任何人做官经商发了财,都可用这两字来形容。我们且看上海一隅,战后有多少人因囤货投机而暴富?只要那人额角头高,手里囤了货,立即狂涨,那么一夜之间,可成巨富。此辈伸梢朋友,在目前上海,简直多至车载斗量;但毕竟他们出身不高,一有了钞票,就头重脚轻,时常显出原形来的。

二二 药水小开

"小开"本来是个光荣的头衔,这人被称做小开,至少他的城隍老手头开了爿把一开间门面的小店,然后他才靠了荫下之福,做起小老板来。

可是在小开之上,一经加上了"药水"两字,那么好像这个小开,一交跌在粪缸里,立刻变成臭盘东西。

那么小开头上,按上药水两字,究竟是什么意义呢?原来这是根据热天所用的防疫杀菌剂"臭药水"一名而来,意谓那小开身上染了臭药水气味,那么其人就变成了臭血血的小开;所以"药水小开"也者,便是臭小开之谓。

其人而捐了"小开"的牌头,依理家里开起了店,靠着老子的荫福,出来白相,该是身边麦克麦克,存心用脱几钿;但往往有种小开,他的白相性来得重,一天到晚,荡在外面,可是在爹娘面前,却已做坍牌子,开口要钱,总是碰顶张,身边的钞票一瘪,走到外面,毫无台型,自砍招牌,人家当他小开看待,原想沾他一点光,结果却反而到处戳人牌头,吃人家白食,于是,他的小开头衔,虽还存在,而却被人加上药水两字。

堂子里称那客人起码,呼为"杠皮大少",其实杠皮两字,与"药水"是一而二,二而一的,现在上海人心目中的药水小开,实则便是老鸨妓女口中的杠皮大少。

二三 阿桂姐

昨天的俗语是写的"药水小开",今天却提起这个上海地方太不吃香的"阿桂姐",男界之有药水小开,女界之有阿桂姐,可说一对带拉酥,极起码之能事。

"阿桂姐"这名词,是根据上海俗语"桂花"两字而来,上海人称蹩脚的东西曰"桂花",更进而将桂花的花字割去,即以"桂"字来代表蹩脚的解释,于是称女人之其貌不扬,行头不挺,毫无台型者,曰"阿桂姐"。

关于"阿桂姐"的行动举止,鄙人在上回"吃汤团"一语中,已一度描写过,不过吃汤团是专指舞场里的阿桂姐而言,而本文中的阿桂姐,却范围甚广,包括女伶,歌女,导花,庄花,女侍,以至马路上来来往往的不明来历的女性。

其实阿桂姐是天下最可怜的人物,她明知充当这一项女子职业,姿色不够资格,行头无力置办,但为了要吃饭,只能以一副可怜相,杂在一群红星队里,相形见绌,自惭形秽。

但也有种阿桂姐,她明明是照会不如人,魔力不如人,而偏不肯自承为阿桂姐,还是自视甚高,架子搭过明白,你说她是阿桂姐,她死也不肯领盆,此种十三点阿姐,在舞场,歌场,歌女社中,所见甚多,那个客人碰到了迪票货色,真是晦气星进门,谢伊拉一百谢。

二四 魁

竟有许多读者来点戏,要叫鄙人把最近上海最新流行的一个"魁"字,提前登场。这好像顾曲戏迷,致函戏院,要求将露布的新戏,早日上演。这里鄙人将效各戏院广告员的笔法,大书特书曰:"各界催请公演函件,堆积如山。"即此一点,就证鄙人的"魁头势",也相当结棍。

今天鄙人果然不负众望,在一批做好的锌版里面,将这个斗大的魁字,先行检出,提前登场,这就叫"不魁则已,一魁惊人。"下文几段文字,恕鄙人有些地方,要脱落下巴说话,但非此不足以强调这"魁"字的意义。

原夫"魁"字也者,"海外"之谓也,海外者,"斜气"之谓也,斜气者,牛皮吹得哗哒哒之谓也。故目前上海流行的这个"魁"字,即是苏州人打话:"倷个人说话海外来。"

其实这个俗语,在若干年前,早已有之,但近年不知如何,经人一提倡,却突然流行起来。我们追本溯源,却不能不归功于一年来小型报上之不断倡用此新名辞,"魁"字之所以喧腾于今日沪人之口,这一大半是由报纸上宣扬出来的。

二五 行路训子

在未写正文以前，这里鄙人先向读者告一个罪，并特致歉意，原来当这篇上海新俗语图说撰作之初，鄙人预定是写五十至六十个节目，不料刊至半途，因事冗而中辍，这未免辜负了读者对拙作的一片谬许，以及编者几次三番的敦促催请。

现在鄙人的日常工作时间，已经调整，所以从今天起，仍每日在本报继续发刊，而且希望不再有中辍情形。

今天的节目是"行路训子"，这是平剧中的一出老旦正工戏，李多奎演唱

起来，每唱一句慢板，都是用足全身吃奶气力，面部的青筋根根贲张，看样子几乎立刻会爆烈似的；而他的那个头颈却好像用弹簧装成，调门越翻得高，颈项越摇得结棍。

不过今天本文中所说的"行路训子"，这并不是一出京戏，而却是一句北方的流行俗语，上海一地的平津同乡，雾占着人口比率上的很大字数，所以因北人侨沪者之多，这句俗语便渐渐从北方流行到了上海。

北人所称的"行路训子"，也就是南方人所习知的"钉靶""赶猪猡"；也有人称之为"萧何追韩信"，我认为这三者都不及"行路训子"之滑稽微妙，想入非非。试想，上海的瘪三把施主当作了猪猡看待，这已是极挖苦之能事，现在北派乞丐却更来得刻毒，在马路上追随乞讨，絮絮勿休，结果施主布施了钱，还要被占尽便宜，当作儿子看待，他们这样沿街钉靶，竟把自己比作了康氏女，而却把前面走的人视作张义儿，这岂不使搅落钞票的人，心为之塞？

我们看了舞台上的行路训子，再想到马路上瘪三的"训子"，觉得这譬喻实在再确切没有，虽说我们在马路上行走，随时可被瘪三来一段"训子"，但想想情形，也真够令人喷饭不已的。

马路上的"行路训子",和舞台上的行路训子一样,也必须有辙儿板眼,其间运腔使调,大有研究,那几个老吃老做的瘪三每钉住一个人,自会说得天花乱坠,跑香槟跑得不温不火,恰到好处,使被钉的人,心里一窝,立即摸出钞票来,但也有种暴落难的瘪三,面皮还未练老,辙儿还未温熟,一上场便像唱戏一样,有点怯场。一样跑几句香槟,总觉不伦不类,跑得不在路上。

在舞台上唱"训子",是唱的二簧慢板,腔调越慢越好,而马路上的训子,却必须唱流水板,越快越好,几个老吃老做的瘪三,他能把辙儿背得滚瓜烂熟,像倒翻夜壶一样,不吃半个字螺蛳。

唱行路训子的瘪三,最可恶的一点,乃是不给钞票,便要骂山门,所以有人主张打发这班人,应等瘪三回头他去,而发现他并不出口伤人时,然后再给钞票,这倒也是个办法。

二六 南北开

"南北开"这句话,是十足道地的白相人攀谈,由于近年上海侠林术语之渐趋大众化,于是在普通中下级人物口中,也时常出现这种流气话了。

什么叫"南北开"呢?这是根据吃西瓜典故而来,一只西瓜,要由两位仁兄分而食之,于是对剖为二、各得一半,这时切瓜的刀从瓜的中央,不偏不倚的对剖下去,裂成两爿,便成了"南北开"之势,白相人素来重义气,挨到了东西,必须平均分配,所以常用到这"南北开"的方式。

一只瓜正中对开,一裂为二,向两面分开,那么也可以说是"东西开",为什么一定要称"南北开"?其实这也容易回答,来原我们称一件物品,亦可称为"一件东西",但却不能称"一件南北"。夫东西两字既有专用性质,那么称剖瓜曰"北南开",当然它也将声明专利而不容许缠到"东西"上去了。

时至今日,这"南北开"的使用范围,已渐趋广义化,已不限于西瓜,只要两个人均分任何一件东西,一注钞票,都可称为"南北开",他如两人同上馆子吃饭,会账时各半负担,这也是"南北开销"。

二七 大 令

上海的青年男女,有一个共通的心理,只是讲话时能搭几句"英格律许"进去,算是一种时髦,漂亮的行径,因此,读过英文的人果然不甘藏拙,遇有机会,便尽量卖弄,就是从未进学堂读过英文书的人,为了学时髦起见,也往往向市面上零拆几句时行的会话,到处卖弄。

上海的英语既这样流通,于是有不少常用的热门话,便也成为流行的上海俗语,虽老媪孺子,不识之无的人,也能懂得其意义,你问一个七十老媪说"生克油乎","古得拜埃","温大龙","毕的生司",她也能心领神会。同时,在目前交际场中,你向异性的情侣,称一声阿哥,情郎,吾爱,或亲爱的,总觉有些肉麻,倘易以英语中的"大令",那就多么大方而又窝心? 所以如今时髦青年男女,都把"大令"当作口头禅。

"大令"这两字,是根据英语中的"Daring"而来,意思是作"爱人""亲爱的情人"解。依照西人的习惯,一对正在恋爱时间的情侣,若用到以"大令"来互相称呼,那么他俩之间的爱情,当已十二分的成熟,到达了饱和点。

随便什么事物,一放到中国来,便变成又臭又滥,譬如"大令",这一个称谓,是多么神圣,多么纯洁,但一入中国青年男女之口,便阿猫也是大令,阿狗也是大令,把大令当作家常便饭,甚至野鸡呼夜厢客人,也是满口大令。

最可笑的要算是舞场里的舞女,把大令当作了赚钞票的工具,只要那客人搅落过钞票,坐过一次台子,下次见面,便改呼大令,所以有人说大令在外国,乃是无价之宝,难以金钱估值,可是一到中国,便只值六七百元,因为喊舞女坐一只台子,就可换到一声大令。

同样喊一声大令,若在男女两人情爱正浓,打得火热,在花前密约,唧唧私语,情到骨子里的时候,轻轻的喊一声大令,那是多么够味!但同样假使在舞场里,见那般十三点作风的舞女,远远望见了熟识的舞客,便不避人目,高声喊着大令,那么其恶形倒状,会令人作三日之呕,像这种十三点舞女,我们在舞场里面简直所见甚多。

西子捧心,媚态横生,东施效颦,引人作呕,现在摩登女子唤大令,也是如此,若出诸美人之口,真是销魂荡魄,若出诸丑妇人之口,那么不令人胃口倒足者几希?

二八 洒狗血

"洒狗血"这句话,原是江湖戏班中的一句行话术语,可是近年已渐被引用到社会上,在不吃唱戏饭游艺饭的人口中,也习用此一梨园行话了。

"洒狗血"的意义,乃是说那人在台上,表演过火,有意卖弄,近乎瞎讨好糟塌气力,事实上并不需要这样的邪上,而他却偏使出浑身呆劲,在台上拼了命唱,这不仅远离了剧情,即在同行方面,也遭大忌。大家认为他给老班瞎卖力气,想独自讨好,而出卖全体,所以洒狗血实是件吃力不讨好的事。

我们在舞台上时常见到,武生因开打过猛,竟与武器脱手,武生行因翻肋斗想博彩声,竟翻坠台下,有一次见到一位梅派花旦,演天女散花,当卖弄腰工时,一个不小心,竟元宝翻身,跌了一交。这些都因洒狗血洒出来的笑话,真叫硬要吃饭,死出风头。

请看插图里的一位靠把武生,他的狗血真洒得吓坏人,看上去简直浑身是火,读者不要以为这插图形容得过火,实际上有几位海派勇猛武生,的确有此一副狠劲,当演挑华车,杀四门,冀州城,连营寨诸剧时,一举手一投足,无不狗血洒足输赢,三层楼看客看惯了这种戏,再看京朝武生的武戏文唱,反会感到死样怪气,不够刺戟了。

机关里职员,在上司前大献殷勤,齐肩谄笑,马屁拍得一五一十,香槟跑得肉麻弗出,这也是在大洒狗血。上海地方,此种靠跑香槟过日子的走狗食客,几于到处皆有,或许读者服务的写字间里面,也有此种洒狗血同事呢!

二九 一百〇一件

上海时髦仕女,欢喜翻行头,到绸缎庄去剪起衣料来,讲十段八段的添办,有几个新衣服一次穿过之后,竟不再穿第二次,因此四季衣衫,轮流翻新,天天不同。其他鞋袜手帕之类,也是如此。

不过本文中所指的"一百〇一件",并不是说那位时髦仕女,有一百〇一套新装,而且事实适得其反,所谓"一百〇一件",其实是"起首老店,只此一件",至于所以要称一百〇一件,这不过字面好听,目的在遮遮羞耻而已。

请看本期插画中的小图,在阿刺伯字的"101"上,上面两数,已贴上了纹花封条,这好像数学中的分数式,将上面两数划掉,便只存"1"数,所以称那人有一百〇一件衣服,实际就是讥笑那人,只有身上的一件"皮子",上海人打话"一家一当,裁拉浪身上。"

其实这种人在上海,却是占着最多数,那人纵穷得吃尽当光,但为了维持至低限度的体面,只有身上的一件皮子,不肯再送进当门,所以有种人你看看他身上卖相不差,而又那知他除了穿在身上的一套外,便没有一百〇二套了。

此种人尤以穿西装者最多,在战前,你化了二三千元做了一套洋服,居然一年中可以穿半年,从前上海人对于西装朋友多少心里要敬重一点,所以他该了一百〇一套,居然也能在陌生人面前,出足风头。

三〇 硬 伤

伤科郎中医起伤来,必先分其硬伤与软伤,硬伤是指伤在外面皮肉上,软伤是指伤在内脏或软挡里。据说硬伤虽暂时的难"杭",一记"重生活"擂下来,甚至痛得晕倒,接着伤处起了个大青胖块,或皮肉破烂,血流如注,但这种伤痛虽痛,倒是无关大碍,只消敷些刀创药。绑些纱布在上面,过几天便会平服,至于软伤却病入腑脏,每易罹终身之累,最怕是一口鲜血吐出口来,成了致命的创伤。

本文中所说的"硬伤",这并不指的头破血流,皮肉遭殃,而却是近年上海人口中极流行的一句俗语,所指的是钞票金银,凡那人干一件事,钞票花费得太多,那么这一笔钱用出去,真是"硬伤"了。

皮肉上的硬伤,倒是症轻病浅,不足担忧,但倘钞票用得一硬伤,那么袋底豁边,往往会弄得砍招牌吊人中,试举一件极小的事,三五人上馆子去本预备一顿幺六夜饭,会钞几百元,那知坐下来点菜下锅,又来了几个熟朋友,并在一起,吃到中间酒兴大发,频频点菜,账来一看,连捐六千八百,这一个东道主做下来,真是硬伤之至。

在目今这环境下,你简直不能动一动,一动就无往而不硬伤,发几个小寒热,医药费硬伤,定主婆养儿子,收生费用硬伤,子女上学校,学费硬伤,至于家里办段把婚丧喜庆购进些产业,那更是硬伤之尤。大家以为,活着既衣食住行无一不硬伤,死了总可以太平了,但把一笔棺材费,殡殓费,寄厝费,推在儿辈头上,死了也照样是硬伤的。

三一 泰 山

泰山是中国的一座名山,位于山东泰安境内,在五岳之中,处于偏东部,故称"东岳"。泰山与上海相去几二千里,但不知如何,它竟和上海人结了不解缘,因此转辗流传,便成了目今上海人口中的一句流行俗语。

照中国旧文学上讲起来,这泰山两字,本已有多种解释,一是作岳父丈人峰解,称人之岳丈,便呼作"令泰山";二是作靠山之解,即俗语所谓"泰山之靠",三是作伟大之人格解,如"泰山北斗","泰山仰止","死重于泰山"等等,但如今上海人之所谓"泰山"却又别作"稳稳成功"之解,说那件事牌头可以稳照,那么就"笃定泰山"高枕无忧了。

几个人作接龙之戏,庄家以"四六"开场,那么这副龙庄便有九成获胜把握,尽可"笃定泰山",又打沙蟹豁上了小拖坯,看对方并不起撇,就算暗牌是爱司,也可捆打,所以这时把所有台面上钱一齐沙蟹上去,总可笃定泰山,稳赢钞票。

此外,在外边交情兜得转,要打个把招呼,当然"泰山",照会漂亮,钞票又旺,想搭只把"壳子",也自然"泰山",又譬如光棍白手起家,发了千万家财,黄金房屋田地,买进不少,产业日涨夜大,他这一辈子的生活,当然更可以"泰山"了。

三二 揩眼药

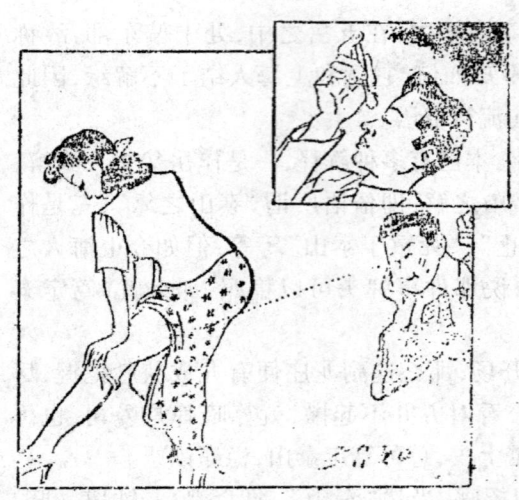

十个男子,倒有九个色迷迷,这实是出于一种爱美天性,譬如:在马路上行走,忽见迎面来一艳光鉴人的妙龄女郎,你自会投以一注视礼,在她身上最美的部份,欣赏一个满足。

在女性方面,就利用了男子的爱俏心理,故意化妆得妖冶肉感,以诱惑异性,从生物学上说起来,一头飞鸟或一条冷血的昆虫,它尚且知道用声色去引诱异性,何况万物之灵的人类,她们更会用艳装华服,脂粉香水,诱男性之入彀。

由于都市女性之特别欢喜打扮,所以上海地方男人的眼福,也就格外多,在此新秋未凉季节,海上摩登女子,还穿着薄罗轻纱,你站在新世界门口,便可眼皮供养。欣赏来来往往少女的线条美,肉感美,这在上海俗语,是唤做"揩眼药",意谓这种肉感曲条看在眼里,真有眼目清凉之感。

除了揩普通眼药之外,有时我们还可在无意之中,获得意外的眼福,这种艳遇往往可遇而不可求,你存心想揩眼药,却未必能如愿,但碰得巧,就会见到太真出浴,鸳鸯戏水,人体表演,以及其他种种局部的西洋镜,这种眼药当是特种的名贵舶来品,决非新闸路印度眼医生的滑头眼药了。

三三 | 耀　眼

世界上有两种最耀眼的东西，一种是花花绿绿的钞票，一种是在光线下闪闪发亮的金钢钻。

钞票虽是件好东西，但时至今日，几于人人袋里拿得出几张五〇〇与一〇〇，惟有金钢钻的饰物，那非有一点小身价的人，不能穿戴，因此现在上海人口中的所谓"耀眼"，乃是专指戴钻石饰物的人而言。

金钢钻是一种世间珍宝，但也是一种害人的东西，往往有许多女子，受了这东西的诱惑，而引起虚荣心，再进一步而失足堕落。

当你到戏院或宴会场所去时，你瞧见几个个富命妇，手上钻戒，耳上钻环，臂上钻镯，那种三克拉四克拉的大钻戒，在灯前反射出来，光芒毕露，使在场的人，那个不耀眼？于是你看在眼里梦寐中也想到要戴钻石，这时自有富室纨绔之流，利用你的虚荣心理，以这耀眼东西来诱惑你，使你失足破贞。

但女人的确比男人有窜头，一年前是阿桂姐，一年后却寻到了好户头，跟着了该血的胡老码子，手上的钻戒，光芒四射，到处在人前示威，于是大家窃窃私语道：这只寡老从前是阿桂姐，近来伸梢哉，侬看，手上戴的钻戒，真"耀眼"来！风头斜气！

三四 麦克麦克

当外国人初进上海时候,中国人欲与晋接,除了做手势外,只有听其声而详其义,日久便也能断断续续,应付几句,于是便产生了一种所谓"洋泾浜会话"。

洋泾浜英语有一特质,便是字眼力求简易,而且转辗流传,发音渐离开原状,结果乃使有几句洋泾浜,连外国人听了也不懂。

譬如,洋泾浜英语中称身边没有血曰"毕的生司",这还有一半可解,因为"生司"是作分头零币解,聪明些的外国人,还能意会,至于称身边钞票多曰"麦克麦克",那么这究竟从英语中那几个字中化出来,只怕只"崇明人阿爹"晓得而已。

钞票是一件好东西好宝贝,所以身边钞票一"麦克",就洋房,汽车,女人样样可求。你试留心看社会上一般人,身边毕的时,都是萎靡瘪倒,走起路来,也低头呼背,毫无照势;而几个身边麦克麦克的人,却是挺胸凸肚,趾高气扬,说起话来,也头颈骨硬翘翘,足见钞票这样东西是比吗啡要灵验的一种兴奋剂。

不过时至今日,社会上该钞票的人,实在太多,无论阿猫阿狗,谁都是身边麦克麦克,你今天带了一捆钞票出门,看上去是多么麦克,但一上饮食娱乐场所,实在派不来多少用场,所以"麦克"在今日,不免其盘渐臭,算不了一回事了。

三五 臭　盘

交易所里的行情表亦称"行盘"，而三百六十行生意的货价起落，也各有其"市盘"，"盘"也者，乃是一种标准合度的码子，假使拿一个人来作单位，那么其人格价值也可从别人眼光中估计出来，而定行盘之高下，譬如其人处世，接物。洋里洋气的，便是"洋盘"，同时也有种人，专失信用，专拆烂污，专干不要脸的事，那么就变成一只"臭盘"。

一个人而被公认为"臭盘"家伙，这决非一朝一夕所致，他一定平时已有许多恶劣无耻的行为，表演于人前，使大家都留着不可向尔的印象，于是他到东到西，都是"臭盘"，再也没有人去信任他了。

在白相地方签了账，结果付不出钱，溜之大吉，于是下回他再在这些地方抛头露面时，谁都不敢放账给他，因为他在白相地界是臭盘。

当朋友不在的时候，取了他的衣饰物件，典质以度急关，于是下回他到任何地方去，人家都监视他的行动，不让他留在室内，原来他在朋友地界是个臭盘。

一个人生平，只要做过一件丑事，就给人留下臭盘印象，以后他纵然得了志，做了人上人，但背后却难免被人掏臭缸，说他从前做过强盗，做过贼，做过瘪三起码人，这在他一生生命史上，就留了个无可毁灭的污点。

三六 过房爷

"过房爷"这名称,其实并不是上海新俗语,远在千百年之前,就已有拜过房爷和收过房儿子这一回事,举一个例子:当年安禄山就曾拜杨贵妃为过房娘,而唐明皇就成了安禄山的过房爷了。

有人一定要问,过房爷既非新俗语,为什么要搜集在本文中呢?原来,在最近几年来,上海人拜过房爷之风,忽非常盛行,尤其是在坤伶地界,倘那位女艺员初到上海,不多拜几个过房爷,就不会走红,所以历来有几位在上海唱红了的坤角儿,她们每到一次南方,总是认了不少过房爷,其数乃以打计。

考近年上海过房爷之所以多如汗牛充栋,实是因为暴发户崛起太多之故。一个人当贫儿暴富之后,往往好名贪色,穷侈极奢,他们之收坤伶为干女儿,就为了"名"至"色"归,两者可以并得,好在他们有的是钞票,于是不断把灰钿用在过房女儿面上,以造成自己的身份地位,并到达干父女变为夫妻的目的。

再说,暴发户多是出处不高,十九是老粗,论其年龄,已经派司脱,论其照会,大抵獐头鼠目,难博坤角儿的欢心,于是只好以"过房爷"来作缓冲,就算目的未达,但总算眼药拓过,发魇发过,也足以聊慰胜情了。

坤角儿初来时,身穿青布旗袍,但当北返之际,崭新行头,贵重皮大衣,金钻首饰,装了十几箱,这都是上海过房爷所报效于干女儿的。

三七 潮州钞票

在上海的押当业中,潮州人占着极大的势力。当九亩地赌台未禁绝以前,在其附近,小押当鳞次栉比,你跑进去当东西时,听那伙计的口音,倒十足是麦麦麦咪咪咪的潮州佬。

因小押当之独多潮帮,所以上海人称小押当曰"潮州银行";而称押当里开出来的那张绿纸头曰"潮州钞票"。这种钞票和普通的中储券有一个极端相反之处,便是那人身边中储券越多,越是体面,惟有这东西却越多,越弗识头。

可是,在上海某一种人心理上,却也有认身边当票多为无上光荣的,他们一年四季,把当店当作了押款的信托银行,身边一搁血,便把随身衣服剥下来,去摆个八百一千,好在当得次数多了,已在朝奉面上做出信用,有时一件破短衫卫生裤,也可写上一千两千。

有人很奇怪,自从二十世纪以来,什么事物都已改革,但只有潮州钞票却仍旧是古色古香,一副老派,同时那钞票上的字体,也还是"十八帖"草体,自成一家,那形状倒和道士画符相像,所以把这一叠潮州符放在袋里,倒可以镇魔压邪,逢到盗劫剥猪猡时,你只消拿出这一叠符来,准可吓退恶神。

三八 落门落槛

孟老夫子说的,"识时务者为俊杰",在这寥寥几个字里,它已告诉了我们厕身于社会的一个应世大纲,尤其是在前这个乱盗的时代里,我们越发需要识得时务,及正不识时务的人,也早穷死气死,不会再生存到现在了。

我们跑在路上,耳目之所接,常听见有人在关照你:"喂!朋友识相点!"这所谓识相,其实就是识时务之一例,倘用白相人口吻说起来,那么这就叫做"落门落槛",有许多白相人大亨所以能够混出世,就因为他做事能落槛之故。

在这乱离时代,到处皆有地痞吃血虫。有人带着一点东西,沿途备受地痞留难,克扣大半,而有些人装了许多车的私货,却未受丝毫损失,这是什么讲究呢?就因为他做事落门落槛,明知此辈地痞吃血虫目的只在吃血,那么喂点血给他吃,就没有事了。

你开一爿小小的商店,也以落门落槛为第一要训,马路小弟兄走上门来,总得铺排应酬一下,在小处万万不能算省,否则假借任何一个题目,都可来寻你的轧头,扳你的错头,结果反而搅落一笔大血。

三九 苗头九十六

一个人想在上海地方混出头，必须具备"三头"条件，这三头便是"牌头""噱头"与"苗头"。牌头曰"戤"，噱头曰"摆"，苗头曰"别"。

噱头与苗头，虽说同样带点浮夸成分，但意义却完全两样，其人而善摆噱头，成败之数实尚未知，至于苗头能摆得出来，那么其人在上海地方，路道已算很粗，可以说是混出道了。

上海人说话，每形容一件事，辄喜加上数目字，以尽夸张之能事。举例如"卖样三千"，"板板六十四"，"搅七念三"，"甩头二五一十"等，现在这苗头的标准数字，是"九十六"，那人的苗头若能别到九十六，就算得台型十足，面子不小了。

我们可举几个"苗头九十六"的例子，譬如你开了一座戏院，凡人家所请不到的大角，而你却凭着交情面子，居然请了来，这就是你苗头九十六的表演。又譬如一位上海大名鼎鼎红舞女，别人转尽念头，不能到手，而你却一搭就搭上了手，这也是你"苗头九十六"的事实表演。还有一件劳资纠纷，人家横讲竖讲讲不开，而你却居中一言，迎刃而解，这更是"苗头九十六"之至了。

四〇 灰钿

据说阴间的社会,比阳间真要腐败得多。关于这点,虽说并无事实见证,加以确断,但我们只消拿阳世人不断的把长锭冥钞,去贿赂阴曹的皂役游魂一件事来窥察,就知道目前阴曹是贿赂公行,人人抱着捞血主义。

阳世人把纸锭冥帛烧到阴曹去,虽说有一部份是孝敬列祖列宗,和新死亡人的,但大部份却是赈济游魂厉鬼,孝敬城隍土地,诸色神等,有种迷信鬼神的愚民,他们生了病,受了灾晦,总是疑心妖神作怪,于是把锡箔纸锭烧了灰,去贿赂神鬼,你想,这年头连活人自己都活不成,竟还有人去赒恤死鬼,那真可说是搅落无数"灰钿",岂不冤哉!

从上面这一席话中,我们已可得到"灰钿"两字的出处,照字义上讲,这原是专指敬神信鬼而言,但如今上海人却已广大其意义,就是活方面的一切贿赂私费,也称之为"灰钿"。所谓"灰钿"也者,便是免晦气的铜钿!譬如开了爿小店,摆了个小摊。每天有人来寻轧头,收陋规,明知这是非法,但为了图太平,免晦气,就只好搅落几个灰钿算了。又譬如在女人面上,存心白相相用脱几钿,有时明明知这是无底洞,但骑在马背上,只能杭一下子,而却把钞票当作了灰钿用。

我们睁开眼睛一看,这年头活人捞灰钿比死鬼还要变本加厉。

四一　亚　开

关于从外国口语中翻版过来的洋泾浜流行俗语，鄙人已先后介绍过几则，不过今天所介绍的"亚开"，这句话虽说并非是纯粹正宗的英语，似在外国地方，却也非常盛行。这倒的确是道地的舶来品，并非中国人发明的。

据说"亚开"两字，乃是根据英语"ALL CAN"而来。照字义解释起来，乃是"完全可以"，"什么都没有问题"之意。这两字一读快，便把尾音吃掉，于是以讹传讹，变成了"OK"。

上海地方流行这句话，大概是从几家英美公司商行中的洋经理口中流传出来，譬如华人职员去见洋经理时，报告一切、请示机宜，洋经理认为这件事大可做得，或准官这样做，便扬扬手，喊声"亚开"，就算是定局了；又譬如中国跑街掮客去合洋庄生意，价钱讲定，约期成交，洋经理耸耸肩喊声"亚开"，表示一切算数，决不黄牛。

后来这话渐渐从西人口中，流行到中国人与中国人之间，每逢斤头讲妥，事情成局，倒也以"亚开"来结束一席谈。你瞧，本篇插图之中，两位大腹贾在谈判一笔巨额借款，双吹就在电话里面，一言定对，足见天大的难题，只要对方一"亚开"，便立即打开僵局，迎刃而解了。

姜太公/文

上海闲话新篇

全文刊发连载于《好莱坞日报》(民国廿九年一月四日至五月四日),共112期,计112篇上海话俗语文章(其中一篇无正文)。

"姜太公"是苏广成的笔名。《好莱坞日报》在刊发《上海闲话新篇》之首期(民国廿九年一月四日),就以《闲话苏广成》(作者可人)作简单介绍,全文如下:

本报健将苏广成先生,年少博学,腹中歪才正多,宛如西游记中的孙悟空,他的文字,千变万化,层出不穷,他不知为什么,又要做起姜太公来,大概太公善钓,他想钓一个萧小姐,或是一个阿姨来玩玩么。一笑。

一 扛木梢

入国问禁，入境问俗，生活在上海，做了上海人，就应该知道上海的风土人情，明了这个社会的内层组织，鄙人不是老上海，也不是社会学家，终算混迹在上海，吃过沈大成糖山芋，吃过吴记菜饭，西新桥鸡粥，也吃过欧罗巴大菜；从前住在南市，后来逃难到英租界，现在又搬到法租界，经历过一些上海生活，略微懂了一些上海门槛，《好莱坞日报》编者要我写一篇连续刊载的文稿，并且指明要写通俗些的上海闲话，本来可以"点品不应"，无奈盛情难却，且大胆献丑献丑，每天来一则，好比扛上了木梢，只有"杭唷杭唷"上劲些了。

扛木梢的意思，就是上当，自己漠知漠觉，钻进了别人圈套，待等事情弄明白，可是木梢已经扛上肩胛，要放下，别人不允许你，要是硬干扛到底，则又吃大勿消。木梢份量轻些，倒他罢了，有的重如千斤石，可真要人性命，弄得东奔西走，极汗淋淋，尿头也急了出来，裤子裆里搭搭滴，结果幸而太平无事，这一记木梢杭下来，比生一场伤寒症还要吃力，终够受用了。木梢不但有轻重，而且有大小，小木梢扛扛，有时倒未尝不可，譬如有人诧你，你的女朋友电话来叫你去。你扛了木梢兴匆匆而去，当然你的女友不会在家，不过你女友的姆妈会招待你，说不定看中你招女婿，那就是飞来艳福，这记由木梢扛得不喊怨枉，反而太有道理了。再如旅馆的房间里，你刚刚到，朋友看你跑得吃力，额上有汗，叫你脱掉衣裳，洗一个浴，你扛上木梢真的去推浴室门，那知里面是女人发音，说道："啥人拉，勿要打棚呢？"朋友哈哈大笑，你朝钥匙孔里一张，这个女人门槛不精，钥匙孔得没有塞没，倒反而给你看得四肢百骸松动一松动，眼睛里大吃冰淇淋，至于大木梢，有开性命出入，像现在这种乱世，意念不强的小伙子，就最容易信仰什么什么，弄得阎罗王面前不好交账智者勿肩也。

二 拔短梯

放了短梯,请你登梯,结果他自己捐了短梯走了,叫你上梯容易下梯难,丢你在脑后,要你好看,不管你死活。

上海人对于拔短梯的朋友,一概都认为"勿写意",扛木梢不过给你上当罢了,拔短梯可比扛木梢厉害几倍,一种事情,如果办得顺利,他是功臣,万一弄糟,他就推托得干干净净,把弄糟了的事情全交在你身上,死人勿关。

大体说来,拔短梯可分析为二,一种是拔短梯的惯家,专门拔人家短梯,弄得朋友不论亲疏,对他闻名已久,见了他敬鬼神而远之,觌面相逢,也不敢攀谈,大家见了他头痛不止,另一种拔短梯是偶然的偶,一为之,人家倒来不及防,吃的苦头也重,所以后者反而胜于前者。

拔短梯的实例:譬如朋友和你合股开公司,大家订好了口头合同,就在你府上钉一块铅皮招牌,成立筹备处,你倒招兵买马,积草囤粮,筹备得很起劲,你的朋友却看看毫无照势。

拔短梯的另一名词,就是抽后脚,意思是事情应允于先,翻悔于后,更有甚于此者,好比放,或者借名招摇,捞着了一笔外快,就此向你摇摇头说:"鄙人无意于此,你一个人发财吧",你费了许多精神,外界又知道是你办的,名誉攸关,弄得湿手遭面粉,摔也摔不掉只恨得你朋友牙痒痒地,这就是勿写意的拔短梯事情。

还有,譬如你和朋友说明合股开公司房间,你倒礼拜六中午,巴巴的跑去开好房间,付了定洋,你朋友跑来一看嫌比房间太小,掉一只大些的汰浴房间,朋友一问房钱每天九元二角,外加水汀费二成,难民捐小账不算在内,至少念只洋开销,朋友却说"蛮好蛮好,就是此地,"朋友只好硬挺下来,结果,朋友叫了两个钟头向导,拉了两个朋友来一场么二角子小麻将,大家汏了一个浴推说出去一次,就此一去今不复返,公司房间的股本一些没拿出来,牢牢面皮说道:"笑话笑话,我来白扣,而且带了血本带了朋友来叉麻将,没有拔你短梯,已经你给面子了。"

三 | 有血寡老*

上海人口中的血，就是指铜钿。铜钿少是贫血，铜钿多则血旺好比人身营养中的铁质磷质，铁质磷质充足，赤血球繁殖，血浩充，一个人就神气活现，结结棍棍，面色也好看。反之贫血症患者，面无华色，走路七拖八拖，好像饿瘪臭虫，胸口挺不起，肚皮瘪塌塌，二尺长的一根裤带可以腰围三匝，他想还有什么风头？

以血来代表钞票，实在妙不可豆瓣酱，不过立不思倒很真切，血是人身营养素，这可以说是天赋的；钞票是人身营养素，这可以说是话的份儿，喉咙也提得高，面子十足；如果身边"瘪的生水"，挨在人缝里别人不说，自己也有些感觉形秽，说起话来终是小嗓子，不会像金少山那么威灵显赫赫。我生过一场干血痨，苦恼啊，看人家摸出皮夹子来抢会账，自己只好拢着双手呆看，人家买舞票坐台，带出去，自己喝清汤，看舞女扭屁股，真是痛心疾首，莫可名状。所以我有一个瘟生脾气，身边血旺情愿天天替别人付账请客，情愿做糟兄，不情愿"扛白皮"，一生一世要靠别人，一生一世，就完完大吉了。

上海闲话有一句叫做"有血寡老"，是说有钱的女人，女人与钱"此合一"，自然到上海受人欢迎，好像鱼与熊掌，一人得兼自然得者乐不可变，乐极无艺，其实女人个个有血，不过此血不是那血，不是转钱，是说真血，月月储满排泄出来的，不是血红的吗？

---

* 编者注：原标题为"梯短拔"，疑似当时排版有误。现标题为编者加。

四　照　会

　　照会本来代表某一事物,汽车要照会,包车脚踏车也要照会,照会几号,就代表某人的几号车子,现在上海人嘴里的照会两字,就是代表面孔,张莉莉大英照会,就是说她漂亮,说她风头健,王妹妹白兰西照会,好虽好,已比较次一些了。马媛媛包脚布照会,那就床底下放摇鹀子,大高而不妙了。

　　黄包车三面照会,到处通行,兜得转,不但照会本身荣耀,连车夫面上也光显,叫黄包车的,挥着手大声竭呼:"小照会勿要,拉开拉开。"无智识的黄包车夫兜揽生意,必道:"先生,大英地界,我拉你去!"可见照会之为物,实在大有道理。

五 捉乌龟

捉乌龟是一句簇新的上海闲话,市面上已经流行,恐怕有几位读者先生女士还未知道,何所取义?拆穿西洋镜交代明白,可一些也不希奇,原来还是老套子,就是抛顶宫的别解。

抛顶宫三个字已经恶形了,现在竟称为捉乌龟起来,不知瘪三口中乌龟这名词,代表尊驾头上的帽子呢?还是直指你是乌龟?乌龟长命百岁,是吉祥的硬甲动物,身体圆晃晃,好像罗宋阿大,很有福气似的,不知为什么个个人不喜欢人家叫他为乌龟。有人说是为了它木头木脑。此话不通,乌龟的头就挺灵活,是不是?有人说是为了它行动颟顸,爬不快,跌了一交就翻身不转的缘故,只好受人搬弄。捉乌龟名称的来历大概如此,一则象形,呢帽草帽香港帽都有些像乌龟形,一则是带些口彩,意思瘪三看中你的帽子,稳稳的捉乌龟一样的呀。

六 小放牛

荀慧生,和马富禄的一出小放牛,对准上海人胃口,认为玩笑戏中的唯一杰作,至今听了唱片,一班戏迷还津津乐道。大概就为了这个缘故,发明出这句"小放牛"的时髦闲话出来。

从前本有"放生"那句话,意思是事前口口声声约好讲好,临时却爽约,叫别人上当,上当事小,信用攸关,牌子做坏,下次就人人见而摇头,再要赌神罚咒郑重声明决不放生,人家也不大信任,只当你表情深刻,做功老练,一个人在唱戏。亲友往来,第一就是信用,说得到做得到,说得好听不中用,临时放生,就要坍牌子。第一是铜钿事体,性命卵子筋譬如摇会,大家等着你,你倒逍遥自在躲在混堂里擦背扦脚,试想大家要骂得你还可做人吗?第二是交际事体,朋友你来我往,约好九至十,在大新茶室里碰头,你做小放牛,害别人吃茶撒尿,撒尿吃茶,香烟吸掉二十枝,等得好苦。男朋友还罢了。最尴尬的是一男一女,无论那一个小放牛,都扫兴之至,我曾看见一个小姑娘在金都大戏院门前等人,本来穿着高跟鞋,脚跟还要巅起来,望穿秋水,忧形于色,心事重重的样子,结果退掉了两张票子,悻悻而去。想上去一定是杀千刀小放牛了,这不但言而无信,其中还有些阴骘在内,下世去阎罗王一定罚他做和尚或者天阉。

就字义说,"放生"两字太刻毒了,毒就毒在隐含于内,叫你自己肚里有数。"小放牛"则是明的,不过拆了人家烂污,还当人家畜生看待,也好不到那里去了。

七 白板对煞

今年中华民国已是二十九年,天下还未太平,这是什么缘故呢?因为做人太不平等,有的王老五之年,尚未攀亲,有的二八青春,居然一妻一妾,左拥右抱,享齐人之乐,一人占有了二个女人,自然弄得女人缺乏,独多光身汉了。有的还要偷野食,一个不小心,两雌相争,醋罐打碎,酸气直冲,夜里大家拒绝他接近,闭门不纳,他只好"单钓两索"!反转来说,"白板对煞",男的一去不返,随你们去,那么两个女人只好被迫"听张","自摸一筒"和了。

白板对煞这句话,应形容于女人身上为好,现在则大多通用,一个女人搅了两个男人,不凑巧碰着了,也叫白板对煞。白板是精光的滑的牌面,毫无雕作过的花纹,其实比拟男人和女人,都不确切,因为一些都不像,不过取其一些小意思而已。上海人现在也在过白板对煞的日子,住在租界上,看看铁门外的人,有的很得意;住在铁门外的看看租界上的人快活自在,也十分得意,其实你手里两只白板,我手里两只白板,大家对煞了,虽然是大牌,不过算两和或则十和为止,大家都没有甯头,等在上海的决计和不落,只有让另一班兄弟们来和了。

八　排　骨

　　一个人生不带来,死不带去,什么都是空的,只有自己的小身体,才是唯一的家当,从娘胎里钻出来,三朝弥月,大开汤饼,一直到老成凋谢,或者驾返瑶池为止,亲友的眼泪,自己的银行存款和事业财产,什么都没有带走,只有一个身体仍旧属于个人。所以澈底的一想,还是保重身子,何苦为了钞票,为了意气,殚心竭虑,弄得人比排骨瘦。

　　以人比排骨,可想而知是可怜得很,个个人有爹娘,个个人是爹娘养出来的,何以厚彼而薄此,彼则胖如罗汉,高大如金刚,结棍如天兵天将;此则瘦若尚洁庐和台兴油氽排骨,薄得和脚底皮相仿,一经比较,货色自见高下,尤其是夏天,衣衫单薄,大家穿了汗衫乘风凉,胖的人身上全肉,走一步就浑身洒动,肉感异常,瘦的人则形销骨立,好像目前路旁的枯树,非常难看。如果在混堂里洗浴,排骨更其明朗化,二十八根肋棚骨,根根可见,也不必揣骨神相,只要看就看得很清楚了。

　　男排骨尚有一副架形,因为衣裳做得宽,中装不必说,西装也可设法装得像一个人,所以难看之中,犹可避免一些瘦的丑恶相。女排骨则比较吃亏,因旗袍都是紧腰身,一分都推扳勿起,情愿同裁缝司务相骂了再改小,只求穿了样子好,可忘了自己是块排骨,胸脯瘪塌塌,腰身一眼眼,露出了两条绝细的臂膀,全身骨感,使人悚然起"惊",你自己照镜子看看,难看不难看?

　　市面人"排骨"却比"四喜""蹄膀"之类多,就是敝姜太公,也属"排骨"之例,从前倒还好,近年更加瘦了,这倒和排骨面店的排骨相像,越来越瘦薄了。

九 卖 老

　　做人最忌恃才傲物,所谓骄者必败,败必有因。各人有各人的才干,虽说是人做的事情,我亦会做,其实说大话而已,要一惯于劳心的朋友去做木匠的事情,简直规矩都不懂,遑论做了。

　　上了些年纪的人,多半喜欢讲些生平得意之事,这倒不去说他;有的惯于依老卖老,这是长自己气概,灭人家威风,听的人终有些不大受用。话还要说回来,真正德高望重的老先生,依老卖老,说的话有些道理,倒也罢了,最看不入眼,听不入耳的,有两种人,一种是行将就木,老而未死的老糊涂,自己糊涂得要命,却动辄老三老四,依老卖老。一种是年纪说大不大,算小不小的朋友,自以为活了几年,天下走得了,一副老江湖样子,碰碰就是"阿弟哥劝侬免免吧,我从前……"真是老气横秋,不可响迩! 就越是这样,人家越是不要听。一个人都有自尊之心,那里肯听你教训,卖你的老账?

　　老了不中用了,叫做人老珠黄不值钱,那里还可以卖老? 乡下地方或者还有三十左右的大姑娘藏着没有许配人家,称做老姑娘;上海是十三四岁的小脚色已经吵着要嫁人了。老姑娘要出嫁,难为媒翁两条腿不知要跑多少次数,费多少嘴舌,才得卖掉呢。不说正式婚姻,就是肉市卖买,老年的也生意清淡,不容易出货色。钟雪琴是卖的老牌子,那是例外之例外,桥头红肉文明戏老二,也是例外之例外,叫做回光返照,你想好了,这种老腌头有什么滋味呢?

一〇 吃 价

"吃价"两字的意思,等于"弹硬",非常漂亮,非常光棍,肯处处代人设想,不使人家吃亏,同时于自己也没有什么损失,扎足了自己的面子,也顾全到别人的面子,这是"吃价"的第一要义。还有一种"亚吃价"的人,则是二五八硬挺,情愿自己吃亏,吃了亏不说出来,所谓"吃尽当光,勿喊一声冤枉",就是一例,乱党里打相打,先把对方排了一顿,然后告诉他:"我是品芳茶馆小金宝,侬要来看我一至四。"对方吃了眼前亏拳头像雨点"别别白白"一顿生活,眼前火星飞迸,痛澈心肺,不过只喊"好!好!"决不屈膝求饶,情愿蹲在地上睡一觉,再坐黄包车去请教伤科医生,这也是"吃价"之流。上海滩上还有一种吃价的女人,非常漂亮,有侠少之风。只要你中意她,她喜欢你,谈得投机,大家快活快活,今天郎情妾意,赛过恩爱夫妻,明天你走你的南京路,我走我的霞飞路,大英法兰西,大家勿来去,觌面相逢,点点头完了,决不肯拖泥带水,牵丝攀籐缠住你,不会要挟你要你皮夹里的钞票。这种吃价女人,友人中着过不少,就只有我姜太公找来找去找不到,想上去一定是我太不吃价,因为老了,不中用了。

一一　肩　胛

　　常听得人家说："侬摆一只肩胛下来。"肩胛就是责任,摆肩胛就是答应负责办理的意思。不过我终究弄不大明白,为什么肩胛可以一只一只的摆下来;从没有听人说："侬摆两只肩胛下来。"可想而知肯切实负责的人,实在不多。

　　上海人口中有"黄牛肩胛","豆腐肩胛","厕坑板肩胛","水门汀肩胛"等等,黄牛肩胛尤其普遍,连妇人小子都知道,被人称做黄牛的,终是床底下放鸢子大高而不妙的朋友,真像了黄牛,还有些蛮牛脾气,可惜只像了一部分,有的像牛卵泡,有的像牛鞭,有的像牛尾,有的就是黄牛肩胛。黄牛之有肩胛,见所未见,闻所未闻,佛家所谓"虚无"的,意思是讥笑此君毫无责任心,只会胡调,一旦事情落在他身上,就只有逃避,推托得干干净净,清清爽爽。所以对于没有肩胛的"人",不称为"人",称做"黄牛",骂骂他是畜生。畜生就是六道轮回中的末等动物,挤身于芸芸众生花花世界之中,也算是它的幸运。

　　有肩胛的人就两样了,有事在身上,从不背诿推,情愿自己费些气力料理清楚,这种人固然光棍,富于责任心,不过一年到头麻烦死了。我说这话,并不是叫人做黄牛,我的意思有十个字:"有事不怕事,无事不生事",肩胛是有的,可并不是水门汀,钢骨,也不是黄牛,没有肩胛的,一个人能尽力的做去就是了,"尽忠报国吃硬×",嘴上说得好,实则是一只大黄牛,何必呢?

一二 洋泾浜

公共汽车和电车开到爱多亚路外滩,卖票的拉起嗓子喊:"洋泾浜到哉。"有的喊得更好:"黄浦滩到哉。"这简直叫你寻死路,洋泾浜三字,因有国际性的条约关系,大家喊熟了熟极如流,于是作为"硬劲绷",勉强的意思,譬如会说两句简单的英语:"哈啰。""密丝,密丝忒","哑开。""买司干","戤丝令","大令","圣揩油","勤忒儿","埃洛尔弗林""狄安娜窦萍","万历抹去","各罢爱!"谈话之中,不时夹杂几句,赛过钞票之中夹几张外埠地名的杂钞,人家听见了皱眉,浑身不受用,这便是"洋泾浜"。

"洋泾浜"闲话说得最好的,要算西崽和阿妈,他们和外国人,接触得多,所以虽然"硬劲绷"猴极出来的,日子一多,倒还算纯粹。其次要让几位拉大英照会的老枪车夫,和专做水手生意的舞女卖花郎之类,朱葆三路相近,就是洋泾浜闲话的教育区,还有一种销洋妆的咸水妹,几句洋泾浜迷汤就妙在有些生硬,外国急色之徒在半知半解之中,自然兴致勃勃等不及了。

现在社会上年纪轻的朋友,即使华英初阶也没读过,也会说几句洋泾浜闲话,马路上相会,大家"哈啰哈啰"拉拉手,拿起电话又是"哈啰",那知对方倒是真正外国人,叽哩咕噜一阵烦,他一句也听不懂,结果只好叫别人去听。从前有一位刻苦用功的朋友,他连洋泾浜英语都不会说,交际场上无法应付,引为奇耻大辱,所以不耻下问,把常用的几句英语用小纸头抄上,旁边加以简单的说明,空闲时候就拿出来孜孜勤读,读得滚瓜烂熟,然后出而问世,居然人家听了他的洋泾浜,认为他受过高等教育;他也骗人说是圣芳济毕业,青年会夜校担任过教授,真正笑歪外国人嘴巴了。

十三点

脾气不同,各如其人,有的喜欢多说多话,看见就招呼,而且动手动脚,不大客气,说的话也不大讨人喜欢,于是虐者贬之为"十三点"。十三点,是嘲笑她不准确,过份,乱冲乱撞而已,时钟相差一小时,不知要耽误多少事情,一个人被称为十三点,也就误了一世,譬如平常大家摸出表来对时辰:"我的表十点零五分,你呢。"一个看了一看说:"我的已经十一点零五分,刚从江海关对的,决计不会错,大概是你的表打瞌睏了,哈哈。"那里可以相差一个钟头?不是明明惹人家好笑吗?

十三点的人,约分三大类:一种是划一不二的货色,处处丫里丫腔,惹人发噱,你不去睬他,她会迁就你,结果上当的就是她自己,这是标准十三点,一种是次货是十三点,老鸾脾气,东搭搭,西搭搭,你要欺侮她,可不像第一种十三点那么随便,照样会缠住你,使你吃些小苦头,还有一种十三点,则是假名招摇,大家把她叫出了名,人人只道她是十三点,烂污三鲜,随随便便的好欺侮她,那知她比你还要乖巧,将计就计,装成十三点的样子去应付人,你当她是十三点人物看待,可就入她彀中,上了她的当了。

十三点的转湾名词极多,大家熟知的,计有"四七一一","电话听筒","么五么六","梁山伯"等等。这四个别名都题得好,非常自然,也非常有趣,梁山伯谐音两三八,一共十三点,比较多了一个小转湾,似乎非思索一下,想不出来,电话听筒题得最有噱头,我第一次听见这个新名词,不相信,马上跑到电话间拿起听筒来数点子,不多不少,真的十三点,于是从心坎里佩服出来,不知这位伟大的发明家姓甚名谁,何处人氏?今住那里?

十三点是不吉之名,人人不喜加上这个头衔,给人家叫一声十三点,就等于给人家侮辱一次,但是标准十三点对此点一些不会想到,她们情愿吃人家豆腐反而给人家吃了豆腐去,就是当面骂她十三点,真正老牌十三点听了也恬不为怪,上海滩上有不少出名的十三点,不论男女都有,娱乐场所,更仆难数,不过其中有诈,实在多数并不是十三点,只有十三点正,他比你要准确得多呢。

一四 搭 浆

　　相面先生看相,全凭一点诀,看此人稳健与否,就可以谈言微中,尤其是浮而不实的人,抖乱得要命,一望而知是搭浆朋友搭浆也者,就是滥污,马虎,敷衍,塞责几种意思,试想随便什么事情,都是浆糊搭搭,那里靠得住？又不是巧玲珑,九分像之类,是靠搭浆过日子的,他们挂着招牌,愿者上钩,尚有可说,独是一般搭浆朋友,叫他做一百桩事情,他答应了下来,结果九十九桩事情都是搭浆了事,说起来马马虎虎,香烟屁股,天底下那里有十全十美的道理,其实,搭浆罢了。

　　搭浆两字,可了不得,小则误人误己,大则害人害己,小事体无关重要,犹之板壁上,搭搭浆,算是装饰过了,别人把身子靠上去,至多损失一件衣裳,如果造房子,不打好根基,也是搭浆算数,那就要屋倒人亡,有性命出入不过小搭浆惯了就有大搭浆的危险。我有一个搭浆朋友,到名符其实,他是一家纸行里做银钱账房的,账房先生工钿赚得少,每天手头上进进出出的钞票却为数匪少,于是看得眼红,就开始舞弊,在账簿上翻门槛,好在中国旧式账簿是一种土纸做的,纸张有厚有薄,也有贴补过的,所以他就在数目上挖补、搭搭浆,另行涂上一个数目,后来胆子越来越大,银行往来的一笔巨数,他也敢搭浆,不幸而幸的给老板察出破绽,追回款子,滚你妈的蛋,走吧。

　　搭浆是后天性,习惯成自然,不知不觉的变得搭浆起来,所以做人虽然游戏三昧也毋妨,不过抱定宗旨,做事终要步步着实,不能搭浆,搭浆朋友纵使名闻四海,究竟不会有人请教他,据我知道,上海的著名搭浆朋友,只有一个,叫做糊壁阿王的,不过他虽开着糊壁公司,做搭浆生意,实际上却正是他肯顶真道地,所以著名的,愿普天下搭浆仁丈仁兄仁姊等等,奉为圭臬。

一五 赤 老

从前有人称列宁为赤老,妙不可其罗宋大菜!又有人称印度红头阿三为赤老,想是为了他们像钟进士的缘故,上海闲话,"赤老"是骂人名词,等于北方人口中的"鬼!"似乎恨极恨极,但有时则变做恩爱名词,"小鬼"曾有人填入词曲中,"小赤老"三字也将女娘们的一种又恨又爱的事情绪曲曲传出,要做小赤老,便须要一二个基本条件,就是潘,驴,邓,小,闲五字,"小白"之流,最受欢迎,唱打鼓骂曹的海立笙,拍电影的白云等等,可算是中外两个"模突儿"。

车子上的查票,也被称为赤老,"赤老来哉!""当心赤老码子,"这些话时常可以听见,因为查票的形踪诡秘,有时隐在电线木杆后面吸香烟,车子开到站头,乘客下来,他忽然出现了,伸手向乘客逐个查票子,于是卖票员揩油揩不成,反而弄脏了手,罚票缴进公司,要大受惩罚,停生意也说不定,但是揩油是个个卖票员要揩的,单靠死工钿那里可以养家活口,要做廉洁的卖票,不如安分些等在家里饿死的好。所以他们和赤老都有交情,号头上或者一年三罚。烧些锡箔给赤老,免得老赤夹屁股顶紧性命交关,这大概是"有钱能使鬼推磨"的意思。

假使从"赤老"两字上望而生义,倒有不少人可以当得这个尊衔,我来举几个例,个个都是读者习知的社会上"红"人,个个都是"老"前辈,一是阿德哥先生,一是交进老年运的麒老板,一是卖屁股眼的钟雪琴,一是三响肉文明戏的老二。……

一六 卖屁眼

常听人在朗声诮骂"这种卖屁眼事体,孙子忘八蛋做的!"下流社会发明了这句话,现在所谓高级华人也会说。凡是骂到生殖器管,祖宗三代,以及生理上的隐秘部分,大都不足为训,等于自渎、阴骘也由辱骂的承当,与被骂的无涉,只有"卖屁眼"这句话,我认为入木三分,讽刺成分极为浓厚,骂得痛快之至。

卖屁眼是种无耻的职业,含有移尊就教的意思,卖屁眼的人不惜违反人道,辱没门楣,牺牲到底,真是臭而不可闻也,上海闲话"卖屁眼",也是□卖上门的意思,人家不肯做的狗皮倒灶事情,他肯迁就上去,人家问也不屑一问的龌龊事情,他肯巴巴结结的打上,此之谓"卖屁眼"。

有一句俗语:"喔唷,漂亮得来,好到陆家石桥去卖屁眼哉。"陆家石桥在小东门东门路,现在河浜早就填没,桥也不见,从前的小东门本是烟花集中地,扶梯都是沿街的,"桥头"卖淫的最贱,所以有陆家石桥卖屁眼之谣,可见卖屁眼实在是桩鸭矢臭事体,不是"人"干的勾当,一样要卖,缴花捐,捐营业执照,挂出招牌,欢迎光顾,倒不失为爽快之辈,现在不卖前门牌,却卖屁眼,岂不羞死人?

如今凡是移尊就教属于"不大写意"的事情,统谓之卖屁眼,可憾上海人外表看来,非常写意,内里拆穿勿得,都是"勿大写意"的朋友,所以卖屁眼事件,层出不穷,卖屁眼这句闲话之所以流行于上中下三级,不是没来由的。

一七 尴尬面挡

人身上除了生理,千变万化之外,要算一只面孔最会表情了,哭是哭,笑是笑,表情极其生动,勿哭勿笑,则谓之尴尬。尴尬就是不上不下,不左不右,不好不坏,不粗不细,不冷不热,不燥不湿,不甜不咸,不长不短,不胖不瘦,不厚不薄等等相对的名称,上海人口中的"尴尬面挡",可想而知这只面挡的耐人寻味,一定比拍"四十八我"照相还要伟大,还要尴尬。

有的是天生天化尴尬面挡,噱头噱脑,非常发噱,这不过是少数,多数所谓尴尬面挡的,则有种种原因,第一当然是碰着了尴尬局面,应付为难,所以面挡表演出来了,第二,是心里有着一桩尴尬事体,不知不觉一只面挡也会露出尴尬的样子来,最普通的尴尬面挡,要算大便艰难的时候,坐在马桶上努力迸胀,嘴里"嗳——"着,面上红一堆白一堆,真是可说是有声有色,一只尴尬面挡,叫全上海画家都描画不成!剃头店和浴室里也当可看见尴尬面挡,因为爬耳朵和挖脚丫都是小有趣的事体,又痒又舒服,再加有一些儿不痛,面挡上表现出来的,当然是尴尬了。还有一只尴尬面挡,是席面上吃东西,请啊请啊叫了几语,一调羹挠进嘴里,那知道这东西看似不热,吃到嘴里才觉得十二分的烫,烫得口舌麻木,牙齿发酸,吐不能吐,囫囵吞下,痛澈心肺,眼泪水几乎掉下,这时候,如果有位摄影师对准镜头,镁光一亮,拍了他的尴尬面挡,这张杰作一定人人见而大笑。

尴尬面挡大都是一刹那的表现,越是短促,越见珍贵,其原因我已说过,多缘是碰着了尴尬事情,我可以简单的举两个例:一,大小老马淘气,大拌卵账,惹得客客气气的邻居都知道了,于是做丈夫的面挡就尴尬。二,偷偷摸摸走进当典,出来偏偏碰着客气朋友招呼他,于是面挡也人尴尬。三,两家洋布庄,一家生意好得热昏,人山人海,好比义账会施粥!贴邻的一家则门可罗雀,柜台里的伙计,眼睛血红,一只面挡之尴尬,愧非笔墨所能形容了。

一八 小儿科

　　做大事业的人，自有极大魄力，样样式式，一落大派，比不得一种小家败气的人，动辄打小算盘，进进出出，几分电车券摸得一团糟，省一分好一分，情愿坐三等，或者"十一号"车飞跑，或者摸张一元钞票出来叫卖票的找，找得到譬如烟纸店贴水，车资仍旧等于没有出！找不出那就到站下来，根本不必买票，诸如此类，这种人现在极多，是生性如此，精刮透顶，不过胃口不大，称之谓"小儿科"。

　　小儿科本来是医生的科目之一，上海著名西医，精于小儿科的，有曾立群陈谟等，中医的小儿科名家更多，如徐小圃、徐丽洲、姚云江等等，而上海闲话所谓"小儿科"并非指以上各位仁兄仁弟，而是诮骂一般的毛病生得太小，意思只要叫小儿科医生看看好了，所以凡是"小儿科"的事情，大都是可以片言难纷，或化用少许纸帛可以解决的，好比真的小儿科，方剂非常轻，医家所谓"重痛轻取"，小把戏胃纳薄弱，多给他们吃钞票，吃多了反为不关，说是这个缘故。

　　"小儿科"的实例，不妨举两个出来，譬如目下地价贵、房租也涨，关于房产纠纷，在所难免，我有一个亲戚新近化五千元顶一幢三层楼洋房，大房东方面通过了，可是看弄堂的在里面捣蛋，结果化八只洋塞到他嘴里，就不响了。便是"小儿科"。又如有位哭兄，捧一个小舞女，套一句舞文术语，颇想进一步发生"龙拖关系"，小舞女对他也有些道理，那天试试他，问他借五只洋，哭兄想这不是明明一记竹杠吗，给了她，自己做糟兄，如果不借给她，有些难为情，哭兄打过门，倒说身边不便，小舞女本是试探性质，这样一来，将要"接轨"还未接成，马上就"出轨"了，其实两个人全是小儿科。

一九　生　活

　　生活大难,上海人多半是绷着空场面,叫做拆穿勿得,拆穿了就一文不值,实在日常开销比从前大了几倍,小康家也喊"吃勿消,"像我们月薪阶级是"真生活,"赚一钿,倒也要用两钿,有时"月薪"如同"月经"样衍期了几天,更加急得人中吊起,眉头打百结,大喊"犯关犯关,格种生活柴弄弄?"

　　蒋委员长的新生活运动,纲领是礼义廉耻,叫人规规矩矩正正当当,清清白白,切切实实,待人接物,处事持躬,要抓住这四个字重振四维。上海是个特殊地方,新生活运动当年虽一度雷厉风行,后来就无声无息,到现在,弄得生活尴尬,叫苦连天,目下唯一班基督教徒倡行与新生活意义,殊途同归的新道德,但效力只限于教徒一个圈子里,不能获得社会人士赞同,有人且冤枉他们"吃生活,"意义是想假这个新花样骗饭吃,罪过罪过。

　　吃过苦头的人,都知道生活不易,不过真能时时刻刻不忘"生活"两字的,那只有剃面司务和一班起码白相人。剃头司务招待顾客理发整容,他们叫做"做生活,"起码白相人一个小身体晃东晃西,动辄敲竹杠,拆梢,捐牢人家,"吃生活"在所难免也。

　　现在要"生"要"活",不但房钿贵,开门七件事都涨,就是衣裳车资,也贵得了不得不得了,有时有了钞票坐车子,买东西,仍旧要你贴水,每个月领了原叠钞票回府,不到三天,已经付掉十分之七,剩下十分之三,一家老小吃粥都吃不饱,想想像我姜太公这样年纪,还不如死了的好,可是,翻看报纸上殡仪馆的广告,最经济的殡殓,也得一百廿元,寄柩所起码要每月六元,比小客栈高铺低铺还不如,他们是叠起来的,我这把老骨头活着已够受苦,死下来还忍心叫我叠汉罗吗? 所以我硬硬老头皮,准备再生活几年,看看风色再死。

二〇 招　牌

　　开店做生意,天经地义第一件紧要大事,就是上招牌,招牌是代表号家对外的信誉,交易往来,银钱进出虽然"信义通商",也要招牌说得响人家才肯放账给你,信用好牌子老,大众口碑载道,那便是金字招牌,如果一而再三的开空头支票,买卖劣货,讨债的如山阴道上,应接不暇,而就坍招牌,提起来人人摇头,说道:"招牌做坍哉!"

　　上海闲话"招牌",也就是等于商号的招牌,是说人的面子,做人须要顾全面子,在外面跑跑的,尤其要扎面子,树树要皮,人人要脸,所以招牌不能不"弹硬"一些,做出牌子"当当响"约期不晤。宁人负我,毋我负人,不能自己做坏牌子,使人齿冷,有本来牌子很好的,惹了人的眼,就使计阴损他,上海闲话所谓"触触他的霉头",一个不凑巧,果然给他坍了一次招牌,这好比金字招牌上笃么二三,也算是年灾月晦,嘸啥话头。

　　金字招牌也是做出来的,第一要年代久,历有年所,信用卓著,才能遐迩传扬,童叟咸知,第二要面面俱到,不论生意大小,竭诚招待,务使惠顾诸君满意,第三要老少无欺,货真价值,只有额外赠品,决不空言号召,有此三者牌子自然而然"弹硬"起来,一个人的招牌,大概也如此,第一是顾全信义,第二是公正不阿,第三是仗义济私,第四是自己确有才干,至于上海一般混混儿口中的"招牌",那是文魁斋商标,天晓得。

二一 邪　气

"邪"的对待名词是"正",正能克邪,邪不能伤正,邪者,不正当,非常厉害之谓。好像郎中先生方案上所说的"邪气蕴伏于内","邪气外受"等等,是指感受了四时不正暴戾之气致病的。这两个字一望而知是很厉害、很不平常的意思,犹之连环图画上妖怪头顶上的一团邪气,表示它是个坏东西。

上海闲话里邪气两字用得到的地方极多,好像是语助词,随口说说就会漏出来,例如"邪气发噱","邪气难过","邪气写意","邪气恶形","邪气好看","邪气热络","邪气窝心","邪气狗皮"等等,如果此公一团邪气,口头禅就是邪气,说起话来那就邪气连贯,譬如"有位朋友邪气漂亮,铜钿多来邪气,身面上邪气光飘,进进出出汽车代步,邪气之舒服,就不过朋友面上邪气狗皮,香烟也勿肯请客,看见女人倒又眉花眼笑,邪气恶形,说话邪气恶腔,听的人就邪气勿落胃口,不过上海人说惯了,说顺了口,不知不觉就扞光地栗似的一连串,不管人家听了入耳不入耳,有人说,上海本是一个邪气地方,做了上海人,或则住在上海,得了一股×气,所以变了,变成了×气的人,不论男女,多少都有一些邪气。

说上海是个×气地方,单看妖艳的年红灯光到处闪耀,尚有几分可信,至于上海人不论男女,都染了一股×气,此话容有未妥,内中或有商榷的余地,第一,和尚尼姑方是外人,应该除出,第二浸德会和慕尔堂等等几位神父和童真姑娘也算例外,第三,鼎鼎大名"道地处女"侯罗美,她是红舞女,有人捐千二百元请她唱过一曲"露尸霉来",因她是道地处女,货真价实,所以不应归入×气之列,第四,本报同文老和尚虽然带×修行,也应要求例外。

二二 台 型

台型,人人想扎,可是谈何容易,扎台型要扎得冠冕堂皇,要扎得"摊得开,卷得拢",才是扎台型扎得在行,否则"扎我台型是哦,"说不定从扎台型而反跌为下台型。

所谓台型也者,并不是电影明星谈瑛,乃是所谓面子,扎台型就是扎面子,任何人,别样东西可以马虎,惟有台型不肯下,不肯失,下过一次台型,下一次给人家说来,"某人有什么道理照样扎过伊台型",老朋友大亨全靠这一点混饭吃,得之则饱,失之则饿,衣食住全照这个牌头,所以"皮浪头"打在身上,决不喝痛而叫"好",真是"不台型毋宁死",因此要想扎到人的台型固非易事,就是要保全自己的台型不给别人扎去,也不是轻而易举的。

为了些些小事,弄得大家面红耳赤,不惜大家讲出"前人辈子",到老虎灶上讲讲,事情之到底谁无理谁有理,那是余事。第一要紧,必须"前人辈子"面子大,那么即使明明是你胡调了人家的正室夫人,而且打了人家的耳光,也可以使人家请你吃"香茶",打招呼,陪不是,甚至于"拉台子"亦在意料之中,人家下了面子,你却扎足台型,反之假使你请出来的人没有苗头,更加入情锺的人来是你,可了不得,点香烛,瞌头,放爆仗,一件件的非要你"伏贴"不可,虽然照理你应当这样认错赔罪,可是在台型方面讲,你终归是下的了。

就是在"圈子"里的人,明明对方面子比我大,但是为了在"当事人"方面表示你的"台型"起见,尽可以私底下去磕头跪拜讨情,无论如何,表面上总要保这一点台型,虽然"当事人"的谢意是只有十只好洋,而且却已清清楚楚挖过三十元腰包,但是这二十元的倒贴,只好算是"台型保持费"罢了。

二三 糟 兄

　　从前有个人看想人家的老婆,想把她丈夫用酒灌醉,不料她丈夫轧出苗头,反道:"不必如此,你只要有钱给我,我就是饮糟亦会醉的。"可是现在上海所称的糟兄,倒不是说只要有钱,便愿做开眼乌龟的人,而是说与寿头相类的一般仁兄。

　　往往有人把糟兄同洋盘合为一谈,实在中间尚有分别,洋盘者,木面搁之,全本外行之谓也,糟兄者,说木则有一点觉得,说觉得,则等于是个木头,处处做出来的却是外行腔,而自己反处处自以为是"相夫",是"老鬼",非但摆在肚里的自以为,而且还要宣之于外,还要自负是件件在行,笑人家是"曲死",这便是标准十足的糟兄。

　　上海地方,糟兄多于洋盘,更多于老鬼,虽然阿毛阿狗都在跷跷大指头,死不领盆的:"嘿!迭两个老屁眼了,什么噱头都摆不进,不像阿三,糟里糟气,弄出事体来,终归是我替他料的。"可是他自己呢?阿三固糟,他却也是个"米曹",不过糟兄也像糟鸡糟蛋糟鱼样的,糟得凶与不凶罢了。

　　老鬼成事不败事,洋盘不成事亦不败事,惟有糟兄,成事不足,败事有余,所以"情愿同老鬼背包,不要同糟兄轧淘",至理名言,当奉之如玉皇大帝圣旨,家主婆的"耳提面命"。

　　天下最难做的是人,洋盘人人不愿意做,老鬼人人想做,可是从洋盘到老鬼,第一重难关,就是"糟兄关",而且这个关口最难过,真是"英雄难逃糟兄关",想做老鬼的仁兄,慎之慎之。

二四 郎 中

从前有礼部郎中,什么郎中,都是很大的官衔,后来郎中二字,就拿来代表"国医"之流,但是在一般"国医"的心目中,对郎中二字,虽然不能否认,却也不十分情愿戴帽子,他们把郎中二字,去套在一般所谓"走方郎中","说真方卖假药"的头上,为了什么原因?恐怕也说不出一个所以然来。

到了现在,郎中二字,越来越低,有"麻雀郎中""牌九郎中"……,凡是靠赌吃饭而别具"走私"本领者,我们都叫他为"郎中先生",譬如叉麻雀时会把和里的牌捞进一只的"捞浮尸",叠好的牌角上偷一只的"甩龙梢",推牌九袖子里预藏一只天牌地牌以备不时之需的,都是"郎中先生"的必有本领,看家拳头,致于会给人看破机关,那是"郎中"本领高低关系,所以郎中先生斗牌,最忌背后有人看,据说有人亲眼看见一位"先生",连换十二只白板,可是他手里,仍旧只有一只白板,结果,却做出一副"清一色",这种手段,当然是可以算得"高明"的了,这是属于"手术"方面的。

还有一种"目力"方面的,一副牌九牌,只消给他看过几副,就可以从竹背的丝纹上,看得出三十二只牌的暗记,同时,骰子可以随心所欲,七触,上庄,要什么是什么,任凭你打得何精,上活门下活门,没有不"拾断"。

致于骰子里安铅,或者二面六,二面幺,以及牌上自加标记,那是属于"器械"问题,这种"郎中",大概是属于"西医"方面,只要做得好,任何人都可以成功的。

二五 水　头

"初一月半子午潮,初八廿三卯酉潮,二十廿一潮,天亮自逍遥……",此黄浦江内划船人之经验歌也,八月十八看钱塘江大潮汛,则尽人皆知,潮水时来时退,"六十年风水轮流转","金钱乃氽来之物",用"血"来代表钱固佳,用"水"来代表钱亦佳,想出来的人,真正要肚皮痛的。

水有高低,钱有多少,白相人嘴里之"尺寸"是也,"一尺水","一寸水",百元十元也,"挨一尺水去",漂漂亮亮,爽爽气气,小弟兄尴尬,爷叔辈子所不能不接济接济者也,往后日脚正长,茶馆店里有爷叔辈子在,终归"一句闲话"可了,水头之力,不能不买账,否则"光棍勿断财路","樱桃尖,先开边",爷叔辈子真是卖几钿一斤?小弟兄不是都要饿煞了吗?

永安公司的淌白,简称为"三点水",现在有某一种人也叫"三点水",虽然职业不同,不过"爷来爷好,娘来娘好","有胡子的都是爸爸",有钱给我的都是主子客人,脾气倒颇有点相像,吃白的有一般"撑头"老鸨,就是"靠水吃水"的人也不知多少,淌白到了人老珠黄不值钱的时候,老鸨就把她一脚踢出去,那时候虽有"水"无人爱,要靠它吃也不能够,只好空淌眼泪水罢了,就是喝过砚墨水会吟吟诗做做文章的人,一旦失"水",也难免遭此结局。

致于文章做得无味,谓之"白开水"我这篇东西,就当做请诸位喝了杯白开水吧。

二六 脚底搭油

手段虽好,命运不济,非战之罪也,不幸而在上海撤了一票大烂污,少不得到外码头走走,在生意人嘴里,就叫"上海道",道者逃也,与"陶朱公"之谓"逃诛公",有异曲同功之妙,苏州人打话"拨脚底俚看",上海闲话大众化,就是所谓"脚底搭油",溜之乎也。

老枪阿根在跑马厅畔摆下骰子摊。"条二码子"走过,为避免麻烦起见,自然眼快手快脚快,双手把摊头一捧,赛过一百米短跑,小弄堂里避风头,这不过脚底下搭点麻油。

小阿囡结识恩相好,顾不得姆妈阿姨待她是好是坏,效卓文君之"奔",姆妈失却摇钱树聚宝盆,哭得眼泪搭搭滴,逢人诉说小骚货无末良心,跟人走哉,那末叫我那能弄法?东托西托,过房娘出心出力打听"摸路",依旧查无影迹,只好算脚底搭的辣酱油。

尼姑庵里"活观音"思凡,大吃素而"小开荤",脚底下搭的当然猪油。

老朋友受人之托,忠心耿耿,小身体勿是租来,食君之禄忠君之事,"摆丹老"起,以致于"坏伊人","借只手用用"之类,皇天有眼,忠臣必佑,巡捕老爷大皮鞋追得太慢,事后当然要避避风头,脚底下搭的是辣油。

在四川没有"窜头",走河内香港而达上海,到后来弄得一场吭结果,名利双失,虽然"大丈夫不流芳百世,亦当遗臭万年",但是仔细想想,脚底下还不是搭的白脱油吗?

二七 拜年帖子

一到年底,邮政局大起忙头,像脚踏车飞来窜去,平常一封隔日可到的本埠信,在这个当日,至少也须二日才可收到,因为"贺年片"太多,邮差来不及的关系,何况少些有点摩登化的人,谁不是每人要寄出十几封以至几十封的贺年片,从前老法时候一到阴历新年,也都是忙得不可开交的拜年,可是你也拜年,他也拜年,真是难得碰面共道一声恭喜,于是留下一个红帖子,以示某人已经来拜过年了,这就是"拜年帖"了。

别的帖子,无论其为吉席之喜,于归之期,汤饼之喜,六十大庆,以及"为鄙人三十寿庆","追庆子"孝思不匮,为"先君先慈"做起冥寿,以及五七领帖的白色帖子,不来则已,一来,现在"市面",至少也须一对眼镜出门,惟有收到贺年片式的拜年帖子,放大胆子去交给面主婆生风炉好了。

因此有人喻打秋风之请帖为"当伊拜年帖子",也就是实行来帖上单的"蒙赐降仪,概不敢当",及"鼎惠恳辞"的意思,即使人家老老完皮,大书"实行新生活运动,请折现金"—当它拜年帖子",也就完家大吉了。

"拜年帖子"这句话,真是雅俗共赏,训育处发来的"大菜条子",好学生也说"当伊拜年帖子",形容此人的面皮坚牢,也说"城砖掷上来,当伊拜年帖子",总而言之,凡是说这事毫无关系,"勿要摆勒心浪",无关紧要的,我们都可以当之为拜年帖子。

二八 小脚色

"小脚色"亦即"爷叔辈子""前人辈子"的小辈,犹之乎子好辈也,不过脚色虽小,爷叔辈子面子虽大,但是有许多事件却非要有小脚色不可,麒麟童章遏云是大角儿,跑龙套人人认为起码脚色,可是角儿唱戏,也决计少不了跑龙套之类的帮亲,何况"英雄不论出身低",爷叔辈子也是小脚色做过来的。

从前"白兰西地界台子勿开,生路缺缺",现在曹家渡公司如雨后春笋。小脚色只要有爷叔老头子肯帮忙,一句闲话,公司里去做做望风,保保台脚,工钱不过十廿元,外快一五一十,一月结算,百把元照牌头,于是丝绒帽子,马裤呢大衣,浅口翻鞋,打烊归来,袋里三炮台白锡包庄足,搭只把"壳子",也是轻而易举,小弟兄看见,无不"唷!老人伸稍哉!"

就是一辈尚在困守时代的小脚色,也不脱英雄豪杰的本色,路见不平、拔刀相助,责职所在,义无容辞,啥人"甲乙丙"钉到此地"三尺地面"上来,虽然前面跑的"寡老",与他非亲非友,也得挺身而出,"尺伊勒,侬要走桃花路,先铺铺杏花街,勿去访访,伊是我啥人,照子亮点……",至于后来这个女人反而给他噱到栈房里,"派过用场",那是她的知恩必报,再说,英雄美人,自古到今,差不多都是相联在一起的,何况更不是"无功受禄",也叫做"却之不恭"罢了。

二九 搅过明白

瞎七搭八,王三和顺,不管死活的胡闹,谓之"搅七捻三,"总括凡是"横戳枪"叉出来的事,都可谓之搅。

白相人双方"不乐意",就"好哟!"搅过明白,于是大家请出老朋友来,上等点的,开个房间谈判,中等的茶馆店里讲讲,次等的老虎灶上也可以讲斤头,你要拉四十只台子,我要四百客大菜,各不相让,老朋友只得"退牌",退牌者,就是不关之谓,既然老朋友不关,可以动法律的就此起诉,不能动法律的就大家约定地方"开仗",你有二百弟兄,我有码头小工、斧头铁尺,你来我往,就是在茶馆里当场上腔,亦在"搅"之一例。

白相人嫂嫂,虽是女人却有"丈夫气概",今天搭张三,明天妡李四,郎有意而姐多情,开只房间搅搅,也不能算得什么,当然,比不得吃讲茶之搅,但是也在搅之一例。

礼拜六夜里,公开白相,叫个响导社,香香面孔亲亲嘴,白相人嘴里为之"搅"生意人嘴里也叫"搅",这个搅,就代表打绷而言。

搅过明白,也即是不伏贴,不临盆,"你伸只手过来",我"把只肩甲"给你,"大家有三千年道行",斗起法来,也不知鹿死谁手,当然你不会买我账,我也不肯领你教,为贯彻必须要扎人家台型的宗旨,就非要搅过明白不可,往往为了一点小事搅得头破血淋,大动干戈,在外好跑跑的朋友,认为不如此不足以显我"路道粗",规规矩矩人看来,头像是多此一"搅"了。

三〇 门　槛

"踏进金门槛,好运推勿开",这是金门大戏院在开幕时做的广告标语。"乌龟爬门槛,但看此一番",这是形容事情到了最后一下的时候,喻之乎绝好,沪西输到最后五只洋而把一记大的关头。"门槛全精",这是说此人件件皆懂,事事均知,赛过国医的男妇内外大小方脉兼理针灸推拿戒烟,西医的耳眼口鼻秘尿内外花柳戒烟连带专割包皮之谓。

的确,万事都有门槛,现世报上老和尚之所讲"经",大学生之所谓什么学什么学,没有门槛的到处吃亏,做"海参",老门槛处处占光,大事化小事,小事化无事,那怕买一碗豆腐浆吃吃,老门槛都情愿到豆腐店里去买淡的自己加咸甜,价廉而质浓,不比豆腐浆摊上早和了许多白开水。

踏进舞场茶馆,一样的化钱玩,化钱吃,老门槛"打蛇打在七寸里","化钱化在刀口上",省了钱还可以使人家尊一声"老门槛",奉承得像孝子待父母,"海参"就不然,跳一只舞给票子一本(别有企图的自然例外)小郎的小帐却只有五分电车票,跑进菜馆,小菜喝了七八样,每样吃个二三口,已经肚子饱胀,虽然"一分行情一分货",大少爷即使有血,似乎也太不替老头子打算了。

致于苏广成同小姨萧小姐在外边看影戏吃夜饭,回家去却说是同事要他帮忙做事所以请客,谓之"翻门","老门槛"决不会给人家翻进门槛,也非老门槛不会翻人家门槛,世界上除了真情爱以外,没一件不是你我各翻门槛,诸君也得对此道加以研究才是。

三一 圈 子

近来天气大冷，"药补不如食补"，饭店里除了"拆燉"之外，吃"红烧圈子"的人不知多少，不过我所说的"圈子"，并不是这个圈子，而是所谓"在帮"的有老头子先生，头顶几炉香炉香的大字辈通字辈等的大哥仁兄。

梅龙镇上正德皇帝对李凤姐说："我家住在大圈圈里边有个小圈圈，小圈圈里边有个黄圈圈"，可见正德皇帝也是圈子里人，不过不知道正德皇帝拜何人做老头子先生，所以他头顶几炉香，什么辈份，也就无从查考的了。

圈子里人，上至达官贵人下至孵孵老虎灶的一般人称"小抖乱"英兄，跑通东南西北都有，可见圈子之大势力之巨，人数之多，其中良莠不齐，也就在所不免，腰缠数十万的固然有，偷东摸西的也不少。

从前圈子里规矩很严，犯帮规者，甚至于杀无赦同时，小辈看见长辈，无论长辈是个穷出骨，小辈是个现任官，无不唯唯低头，现在虽不能一概而论，不过"爷叔买几钿一斤"？小脚色头颈也敢强强，甚至父亲儿子是同产弟兄，或者儿子反是父亲的爷叔辈子，真是那里说起！

三二 红面孔

关云长面如重枣,所以林树森演起"老爷戏"来,一只面孔拓得血红,就是茶馆店里挂的协天上帝,也是面孔上的红颜色,所以关云长算得是红面孔的标准"番司"。

老朋友讲斤头的时候,假使对方是个"孔子"嘿!一个弟兄在旁边会大发雷霆之怒,捋起袖管,一条天津裤带把腰眼收得像只葫芦,碰台拍凳,吓得"糟兄"心头"荡荡动",这位英兄,就是扮的"红面"再加上一位"白面",做好做歹,不怕你的法币不情情愿愿的埃出来,等到斤头讲好,小弟兄大家到饭店里"红红面孔",打个三角钱五茄皮,来上一个咸肉豆腐底,吃得酒醉饭饱,马路上同野鸡搅搅,揩揩油,"小姐"打起杨苏调大骂"辣妈妈,你这个杀千刀",打是情,骂是俏,小弟兄魂飘骨酥,大家打哈哈拍手叫好,凑出四角大洋,一闯进去坐房间,"人生难得几会醉,不欢更何待",迫牢了"小姐"要唱打牙牌,此其时也。

一个人要做到使人家拿出钱来给他红红面孔,谈何容易,必须要滚过钉板,上过策场,小身体上拿得出斧头疤,巡捕房里尝过三脱脚,拳头更是数不清吃了多少,就是经过这些步序,混得出混不出还是问题,说不定早已做了无名英雄,呜呼尚飨的了,就是鄙人,假使早个五六十年,倒也想试试,可惜现在老骨头吃不起活生了。

三三 开条斧

年关将届，各业都在总结束的时候，中秋节之后，吃的着的，一乐大派的都有往来折子，平常日子只晓得凭折子拿货色，糊里糊涂，不问现在是什么世口，物价涨了多少，一到年关，"尊账……某某先生台照"，可了不得，用的用了，吃的吃了，不能还给店家。一时间要付账，就周转不灵起来，普通一点，只有去"开条斧"。

姨太太们不要紧，平日家小白脸前倒贴了虽然不少，可是老头子有的是银行里存款，只消钩住了老头子头颈，坐在他身上扭几扭，替老头把胡须捋捋，不但账单全归老头子去付，而且千儿八百的过年盘缠也能到手，明早打个电话给郎德山，"小鬼头，今朝陪我到扬子饭店淴浴，晓得哦？"所以郎德山的年底开消也不会成问题。

成了问题的，就只有跑到诸亲好友面前，从"今天天气哈哈……"起，经"老兄今年发财"而渐转本命星官"开条斧"止，哭出胡拉笑嘻嘻，一家不来跑二家，几家凑凑，也就差不多了。

可是有一辈朋友弟兄虽多，而恰巧"彼此"的人那就不得不另想别法，不过这批仁兄，当然不会有大批节账。有的，也不过是弄堂口"八味斋"里有五碗汤面钿吧了，凑合上三五个弟兄，烟子窠，野鸡之类，都是可以开得条斧的好对象。

粗看看好像开条斧同借铜钱是一样，其中却有分别，借是有借有还，开条斧可就"千年不赖，万年不还。"

三四 元 宝

　　黑虎玄坛赵公明手里捧的像黄浦江里舢板船样的东西,就是元宝,一个个来来往往,忙得像苍蝇去了头,情愿牺牲名誉,被人万世咒骂,还不是为来为去为了几只元宝,可怜;这个东西真不知骗了多少人,害了多少人,可是谁又能跳出这个圈子。

　　浴室门口家家都贴上"橄榄橘子,一概不送",新年里人家请你吃碗橄榄茶,几只檀香橄榄就是所谓"元宝",大中华民国人样样有精神作用,暖锅里的蛤蜊、蛋饺、虾、鱼圆、肉圆,都是元宝,可惜吃了许多元宝的人未必会真的赚进许多元宝,虽然,精神上是胜利了,箸上碗上嘴里,不都是元宝吗?

　　老鸨太太养了不少小阿囝,将来可以大喝"元宝汤",乖乖隆冬;这个元宝汤不知是何滋味,我想终有点像潮州暖锅里的鱼皮馄饨,鲜虽鲜,可惜腥气太重,怪不得太太娭姨都是吃长素,大概这也算是吃素清爽点,解解腥气的意思。

　　近来天气十分冷,西北风一紧,马路上积水都结了冰,黄包车夫一不当心,就要滑一交,不幸而坐的恰巧是个女人,哈哈;大家来看元宝翻身,有人说这是幸灾乐祸,我说并非,他们对翻身的人非常同情,欢喜拍手,是他们以为"一见生财",今夜叉麻雀的时候,假使他做起清一色来,就可以自摸嵌五索了,安得不乐?

三五 | ## 接财神

　　接财神这个名字,在平常日脚,一般有血朋友听了,就要"谈虎色变",吓得"骨骨抖",走出汽车,罗宋保镖左右侍卫,走进汽车,赛过犯人上香港车,恐怕给隔壁邻舍见了难为情而很迅速的一钻,可是在这几天呀,大人家小人家,无不诚诚心心的接财神了。

　　那怕去年生意大蚀本,今年的财神却不能不接,"情愿得罪了财神菩萨一世穷"的人,倒底缺缺,今年鸡鱼肉,多少贵。可是情愿把家主婆的短衫裤当掉去买来的,去年望今年,说不定今年还是要望开年,财神就算有五位,上海多少人家全在请他老人家吃,也太分身不开,再说,年年吃这点老花样,也不觉口腻吗?我想财神菩萨有灵,真要掉头而去,不如换换口味,用些素鸡素菜,清清爽爽,说不定今年会给你买中慈善奖券头彩。

　　提起了财神菩萨赵公明,他本来是封神榜上人物,为听了闻大师的话,出山与鄙人姜太公为难,就此丧生在"七箭定喉书"上,所以他同我是有不共戴天之仇,所以我也不高兴接财神,他也永远不肯给我发财,不过那时候各为其主,谁也不能怪谁,何况后来封神时候也是我来封你的,饮泉思源,我不射死你也封不着,我不封你你也不会做财神菩萨受许多香烟,"君子恩怨分明",你难道这一点也看不透吗?呜呼噫嘻!我老矣,也不想发财,不过事情却不能不向你剖白一番的。

三六 拍笋头

"贼咬一口,烂见骨头",一等一个大亨,都要喝声吃勿消,可见硬拍笋头之利害,真如广成子之番天印,战无不克,攻无不胜,亦可见专拍笋头人之阴险刁恶。

英兄们夜饭钿没有着落,等在茶馆门口寻生意,自己踏了人家一脚,反说人家嵌痛了他的脚底,白相人嫂嫂,坐在弄堂口谈天,人家看了她一眼,就说人家吊伊膀子,轧到"茶会"上。做好做歹,软硬兼备,恩威并施,一记笋头,肚皮立刻可以装饱。

就是号称自由职业之一的医生,也是最容易给人家拍笋头,来看病的时候说是大小姐月经不调,隔了二三天却凭了方子说你错下了打胎药,若不相信,还有玻璃瓶内药水浸的三个月小孩子为据,或者,病势沉重,医生说无能为力,病家磕头求拜要你想法子,可是明天就来找你,说你这服药吃下口就断了气,并有死人一个作证,实在就是吃砒霜也不见得毒发得那么快,可是为了名誉起见,报纸上大号铅字"庸医杀人"终归不大好看,于是法币晦气,而笋头也就给人家拍进。

现在这时口更加难做人,激烈一点的人,虽然是照实而讲,可是这顶红帽子可戴得吃不消,会同了捕房人员,请你坐香港车还是嫩笋头,"某某路一华籍男子,被人架去,迫登于预伏之汽车上,向沪西而去",即使"捕房方面,正在调查中",可是这笋头太难吃了。

三七 泰 山

战前,泰山上头住着一位大亨,冯玉祥将军,人杰地灵,天天早上到山顶上看看日出,洋洋奇观,可是现在冯将军一来忙得没有功夫,二来,日出已经看过,现在是"太阳下落"的时候,冯将军不高兴一个人看,要给全世界人看了。

孟老头子说:挟泰山而超北海,是一件办不到的事,彻底一点,不要说跨过北海,就是泰山也无人挟得起,可见泰山是稳得可以,任何人所不能动它一动的,所以上海人把"笃定泰山"来形容苏州人之所谓"勿碍",勿碍或许还有碍时,惟有泰山,才是真正的永远"泰山"。

小姨的姊姊,儿子的妈妈,兄弟的嫂嫂,父亲的媳妇,自己的妻子,当然皇天后土实所共鉴的玉皇大帝,家主里个婆,她的父亲,就是自己的老丈人,也称之曰泰山,逃难出来,幸而丈人住在租界上,银行里有相当多的存款,看在"半子"分上,女婿之得免于摆拆字摊写春联者,全凭这泰山之靠,不幸而丈人丈母小姨阿舅逃难出来住在女婿家里,天公地道的,有泰山之靠,就有半子之靠,谁能说个不字?

新年新岁推牌九拍出勺丁二四,于是乎泰山,去年大除夕苏广成预备新年里笃定心思白相而急存稿全无,恰巧邮政局里寄来一封封稿子,又是泰山,西只角里去派派窜头连追十八记大而居然如愿以偿,返到家里,花花纸对家主婆手里一塞,即使她平素反对你赌钱而常常在枕头边叽叽咕咕,此时亦可泰山,大年初六就要拉起笔头还债,写到这里也就泰山泰山了。

三八 照 子

照子,眼睛之代名字也,"喂！照子放亮点,那能？眼睛吃菠菜发仔绿哉?"亦即是所谓"照子过腔",眼睛脱出腔外,要末真"眼如铜铃"样的荡法荡法,还能看得出什么？自然要把"相夫"看成"洋盘",掉一句应时点的话,就是叫"估计太低",自以为数小时夺上海,三天亡人家国,岂知弄到结底,反而自己拉脱不知多少"台子"。这个人不但照子过腔,简直的腔内没有照子了。

一个人最重要的,莫如眼睛。瞎子的不知红颜绿色,连带美人做过来的俏媚眼也不能一享飞来福,其苦自不堪言,不过还能做算命先生过日脚,教育家说不识字的人等于亮眼瞎子,老太太却说"不识字有饭吃,不识人没饭吃",不识字也可以拉黄包车混饭吃,识字的也不过摆测字摊混饭吃,这当然有其相当理由,何况看过外国月亮的留学博士的有钱老子,也还是不识字的呢。

不识人可就了不得,相面先生也可算得识人了,照样也不见得能识人,识人是全凭经验阅历。外头跑跑的大事情经过得多,亲历目睹耳闻,一件二件的把他练成个老世事,世事熟就可以识得人,少爷辈除了看影戏跳舞化钱□以外只识得这个女人面孔好,那个女人身段美,她是好莱坞型,她是巴黎型。一碰着吹牛的惯家,马屁的祖宗,三吹三拍,少爷心花怒放,请客用铜钿是最小的事,上起大当来弄得家败身伤名裂,却也是在这时开始。愿大家照子都像五千支灯泡,尤其在孤岛,使人上当的地方真太多了。

三九 老虎皮

"勿要披仔老虎皮神气活现,剥脱老虎皮要侬好看"!老虎人人怕,人披了老虎皮更加可怕,老虎不过是野兽,兽性虽狠,尚不及人的坏,人而兼假老虎威,其怕自可想见,剥脱老虎皮同我们一样是人,彼此彼此,自然不必怕了。白相人就怕吃公事饭的说朝南闲话,所以喻巡捕房里的号衣为老虎皮,隐然的说他们是狐假虎威,最对也没有。

就是不吃公事饭的人,也往往爱披老虎皮,挠挠大指头:"裕德里看弄堂巡捕,是我娘舅七路电车卖票是我姊夫,揩张把油不得关系",不识相的人要问他碰着查票那能弄法,他也会打哈哈说:"不要紧我们都是老朋友",他掮出这么多的牌头,无非也是想间接的得点老虎气,以示他的吃价,弹硬,虽然谁都听得出这些老虎都是"巧玲珑""九分像"的出品,可是在他的心目中,已经是一只活龙活现的景阳岗白额猛虎了。

鹿蒙虎皮,虽成众矢之的,可是在上海,有许多地方不得不如此,不仅在上海,任何地方,处事之道,都要带三分这种气派不一定要去吃别人,也可以防止人家来吃你,因为豺狼当道,人无伤虎意,虎有吃人心,如履薄冰,只消自己当心,如涉深山,那必须带点防身东西,现在世界,人即是虎,虎即是人,人不必披什么虎皮,已经生成了吃人心理,虎更不必说,就是这只虎是位吃长素的慈悲者,可是别人终以为是吃人老虎;不过"防虎容易防人难",容易就在一见它就知是虎,难就在不知他是虎,甚致甘言蜜语,牛三马屁,吹得你佩服,拍得你适意,那时候冷不防咬你一口,即使不伤身也得成残废,恐怕真老虎还不及假老虎厉害呢?

四〇 锡箔灰

滑稽者形容绍兴人曰"头顶咸干菜,脚踏纸锭灰",因为干菜是绍兴著名土产,纸锭灰则绍兴人大多在弄堂里大喝"收纸锭灰"收买,更有一件绍兴独门生意,即是"兰花要哦兰花",则不在本篇范围之内的。

纸锭灰,亦即锡箔灰,现在五金飞涨,锡箔烧成灰后,放在水里一淘,去纸灰而取锡,每斤价格,也不轻,所以绍兴人挖空心思,一只收纸锭灰的篮子,竹箅布得密密层层,在收买的时候,必须要把人家的锭灰倒在他的篮里,以定分量多寡,不知在这一翻覆间,箅缝里已经捞了不少的锡箔灰,即使货价不合,他不收,你不卖,他自顾自的背起篮子边走边喝"收纸锭灰",亦等于是在喝"捞锡箔灰"。

大小月底,浦东人夜里向"长锭要哦长锭",晒衣竹竿上二头挂得满满的,家家要买个一二角钱化化,小瘪三也分头实行其游击战术,等候在电线木杆旁,或是弄堂里垃圾桶边,人家余火未尽,已经拿出大香烟盒子去捞了,这几天新年新岁,化锡箔的事体更加多,小瘪三每天的"江北大菜",都可照此牌头,想不到鬼还没有用到手,人却已经占了光,赤老有灵,亦将"死人叹气",大叫三百声乎!

因此有人喻横赚外快,为之"捞锡箔灰",皆因看到小瘪三捞锡箔灰,一不怕赤老上身,二不怕火烧痛手,所谓"吃死人勿吐骨头"之流也。

四一 烧长锭

上期"锡箔灰"里讲过,大小月底家家烧长锭,也是尽人皆知的风俗,考其用意,除了有许多真的是菩萨心肠,用来救济救济三生六道一切孤鬼等众,在外,无非是想赤老保佑,今天多赚几钱吧了。

野鸡出门时候,必须拿些纸头,小姊妹淘,老鸨,娘姨,关了一大堆,烧起纸头,拿了甩来甩去,从各位"小姐"的头上背后胸前以致于跨间,都要在乘纸未烧尽时兜几个圈子,以冀多接几个夜厢,西只角有子上不幸今日庄家勿识头,"吃天有横,牌九弄僵",于是乎关照下面,后门头化点长锭,以冀赌神佑我,变成"吃横有天,牌九成仙"。

因此上凡是说这个人要钱的为之"要血"。有人托他事情,老朋友都是熟门熟路,晓得此人非"吃药"不可,于是关照当事人,"烧眼长锭拨伊末好哉"。红封袋里套张银行礼券袖子管里一塞,就此"火到猪头烂,钱到公事办",天大的事,也可以了结"长锭要哇长锭"。人烧给鬼用,人塞给人用,总而言之,长锭决不白烧,得人"长锭",与人办事,权利义务,各尽其妙,各极其用,本来"人为财死,鸟为食亡",赤老作弄人家发寒热,又为点什么来?

不过烧长锭也看当口,无事端端,瞎烧瞎烧,蛮好的合家平安,反变成鸡犬不宁,这叫做"引鬼上门",吃耶稣的一年到头不烧一串长锭,照样的上帝爱我爱到底,保佑我脚指头不踢痛一个,因为赤老们晓得此人吃教,作弄无用,就是使他发发寒热,这个长锭反挑神父赚了去,他当然犯不着的了。

四二　捞　毛

上海话"迭当捞毛",就是"这个人",可是人为什么用捞毛来代表呢?且听我道来:

提起捞毛来头大,此乃北方胡同里什么班子里的伙计也,这批人的身价,等于上海会乐里群玉坊书寓里的"老虎灶"——烧汤——阿水金,阿金根,阿土之类,不过是否妓女在接客人之后,要这几位仁兄仁弟打起老光眼镜细细的检查,捞,那是不得而知的了。

现在说起话来,往往"侬当捞毛末真勿入调","迭当捞毛交关有噱头","个当捞毛勿是物事",说的人固然糊里糊涂,听的人也是木而搁之的却之不恭受下了,假使你直捷痛快的说"迭当烧汤乌龟那能那能",即使对方是实授的"老虎灶老板",提起他烧汤已经勿乐意,再要拖一条乌龟尾巴,格是谈都勿要谈起,你们别看轻他们捞毛也有烧汤党,"兔死狐悲,物伤其类",彼此同是捞兄烧弟,一个同道拖了乌龟尾巴,好像大家尾荐骨上有点养徐徐的要生条尾巴出来一样,"是可忍孰不可忍",那得不请出老头子,叫你到南洋楼,自由谈等茶馆店里讲斤头,虽然他们大都一口苏州土白吓不坏人,不过这二爿茶馆都在他们的"三尺地面"上,附近一带,群玉坊会乐里福祥里福致里乐余里……,每一家"房间"里喝一个同志,已经可以有立在马路上阻止交通的声势,何况他们的"先生"所做的客人,着实有几位,"享字头"在内,三句迷汤,你就要吃不消哩。

四三 华容道

　　诸位别当我姜太公改了行,轧着打鼓老四之类的朋友,因此学起唱戏来了,须知"六十岁学打拳",已经是筋骨不肯答应,何况鄙人这把年纪,做做跑龙套掮旗打伞的也有点腰瘫背酸,要唱做并重的红生戏,更是中气不足,假使勉强登台,曹操还未上场,恐怕我这个关云长就要累倒在台上不起身哩。

　　三国演义上"关云长义释华容道",把个大好机会错过,虽然诸葛孔明算知曹贼寿命未到,留这人情给他做做,不过吓得曹孟德的白面孔泛成纸锭灰色,未免太恶作剧了。

　　白相人用恐吓手段为之"摆华容道",虽说同样的起先大刀阔斧一举像要劈下来,到结果是个"义释",不过关公的放曹操是有恩在先,三日一小宴,五日一大宴,上马金,下马银,白相人的"义释"却是实惠主义,现吃现吐,你既无恩在先,我也神气活现在前,你出钱在后,我也"义释"了账,关公是天生的红面孔,白相人是做出来的红筋哼绿经,古今曹操倒是一样,同样吓得牙齿相打,弹琵琶,零碎动,但是还有点分别,古时的曹阿瞒是"乱臣贼子人人得而诛之",现代的阿瞒是"瘟生糟兄,人人得而敲之",曹操是天理昭彰的"天灾",糟兄是人谋胜天的"人祸"。

　　不特是社会一角有人摆华容道,国际间也有,譬如"敝国当采取适当手段","恐将引起严重后果",甚至调个二三百只兵舰大会操,强拉了数千"良民"大游行,贴标语,呼口号,报章上大书"民众反英情绪高涨",都无非摆华容道而已。

四四 | 滚钉板

　　昨天一出华容道,今天接演滚钉板,这是周信芳的拿手杰作,贴起"九更天代滚钉板"准可满座,上海人就爱看这一套,麒麟童一只手想抖来不由你不叫好,这出戏真是唱做并重,"真生活"。

　　也不知是那个怕烦的刑部老爷想出来的法子,谁要到刑部大堂告状伸冤,衙门口有现成的钉板一块,必须告在板上滚过,方才接受状子,他们的意思,以为这样一来,若没有真正的大冤枉,决不敢去冒险滚钉板,人是肉做,钉是铁做,没有练过"金钟罩"功夫的人,钉板一滚,怕不要像出天花吗?那么刑部老爷就可以"多一事不如少一事",笃笃定定去陪姨太太困交了。

　　现在就好,第一番,第二番,不服判决,尽可上诉最高法院,只消写张状子送去,决不要你去滚钉板,大不了"本件不受理"与你有什么损害呢?

　　"这事体真正滚钉板"意思就是真生活,就是"硬碰硬乌龟戳屁眼",也就是不能马虎,苦差使之谓"老兄近来得意"?"勿要说起,日日滚钉板",就是日日大年夜差不多。

　　煤球六七元一担,白米五六十元一石,灶披间廿多元一月,偏是我的肚皮不争气,近来却寒热也不发一个,胃口来得好,家主婆肚皮更不争气,小孩子一个二个三个的生出来,滚钉板日脚难过,光起火来,情愿一世做太监。

四五 | 金钟罩

看看武侠小说的,谁都知道有一种刀枪不入的功夫,名曰"金钟罩"的,除非要刺在他的"罩门"上,方可破这功夫。

苏州人说的"江北罩"就是上海人之所谓"金钟罩",亦即是所谓"抛头势",苏州奶奶常常不离口的"小鬼头,江北罩倒厉害勒嗨,打才勿会打傸,已经哭起来哉",所以金钟罩者,就是抛在前头,等于灯火管制,防空演习。

包打听捉牢了小贼骨头,不论他是初次还是"积贼",总是二记耳光一拳头,"毕三,新闻浪格麻叉袋摆勒啥场化?说出来"!先是一记金钟罩,不管麻袋是不是他偷的,抛一抛再说,不幸而恰巧是他犯的,就是你不说出来,也得面孔变色,吃公事饭的是什么眼睛,还能逃得过么?

外头跑跑的差不多都练这功夫,洋搭搭的只要一罩就成,比较"老鬼"一点,三四抛也可以抛点"苗头"出来,不过无不极力把罩门获住,否则碰着老吃老做,给他看出罩门,明知你全是嚯头势,就此"罩势"失效,赖得一干二净。

所谓"罩门"也者,就是"漏洞",晓得老和尚近来和一位小姐打得热络,要敲记把小竹杠,"喂!昨日七点钟侬搭一位密水勒大光明看影戏,我亲眼看见,勿便喊侬,阿够交情,今朝请家看初恋",恰巧昨天老和尚陪了一日夜的家主婆没有出过大门,而且大光明也没有七点钟影戏,当然不会领盆,必须"有一日看见侬搭位密水看影戏"的不着边际,假使人家反问"几时"?你应当说"勿要功夫好,侬想想看",那么贼人心虚,自然会伏贴了。

四六 开苞

先得说明,鄙人一把年纪,向来规规矩矩,数十年如一日,不要当我在转歪念头,名誉有关,金字招牌从没有褪过颜色。

凡是"处女"第一次那个,普通叫开苞,堂子里叫"点大蜡烛",提起这几个字,毛头小伙子谁不要"蘸着些儿麻上来",心里热辣辣,这也难怪,"香艳肉感",实在莫此为甚,就是区区这把年纪,也会停笔三分钟呢!

老白相今年新年里睹神菩萨不帮忙,台子上只见钞票换码子不见码子换钞票,在浴堂里同二三个知己朋友商量商量,"弄只苞来开开",这叫做"新年见红,百事亨通","喜解百灾",有否效验,我没有试过,不敢说,不过想起来,喜还没有见,大少爷已经苦了法币,大小姐苦了身体,未喜先苦,恐怕也不是个好兆。

从前不可一世的军阀毕世证,据说最爱此道,在上海花天酒地的时候,有财有势,每天终要开一个吓得"小先生"不敢见他面,因为见面就难逃,辜鸿铭爱小脚成癖,这个赤老竟把这件事成癖,怪不得后来要吃"热莲心",恶贯满盈,罪有应得,假使给他活到现在,堂子里可以废去小先生这个名目了。

好了,就此打住,再写下去,引得人家"肝经火旺",成什么样子,假使已经提了火的,鄙人有"气死名医"的"丹方一味",就是把这篇东西烧灰吞服,便可"平静"无事。

四七 拉拉手

交际场所的一种习惯，不论旧知新交，一碰面，拉拉手，拉手有二种关系，同性的拉手，以用右手为敬，异性拉手，却以左手为好，不过要看交情，普通的，都是用右手，假使是深交，那就用得着左手了，因为心脏在左，用左手互握，亦即是表示二人"心心相印"也，谁无"腻友"，多少言语，多少情分，尽在一握之中。

老朋友的拉手，用场派得更大，不但是交际，而且可以像中医的所谓"小柴胡汤和解功"，满天大事，初起谁也不肯马虎，你要我的心，我要你的肝，不过上海搅七捻三的事，十九终离不了老朋友，三面的人请出来，恰巧又是极有交情，彼此不便反脸，于是各劝各的当事人，在当事人大多对于老朋友的话是无不肯听，有的还是老朋友的小脚色好自然闲话一句，双方"拉拉手末好哉"，吃过生活，摆过丹老，也只好算清自晦气，此后大家都不得再有什么狗比倒灶的事做出来，老朋友的吃价就在此，讲不开大家退牌，讲得开的就有肩胛，任凭那一面吃多少亏，一了百了，交开算数，以后冤家碰头，都可以若无其事，像普通一样的拉拉手，万一再要狗比倒灶，那么不但对不起老朋友，而以后去说起某人来，就变成不吃价，不漂亮，不光棍，没有肩胛的起码人，在外头跑的是漂亮，光棍，闲话说过晓过，吃亏亦要看在第三者面浪，情愿"君子报仇，十年不迟"，再打锣鼓重开场，决不愿做起码人。

四八　朋　友

谁都知道朋友是什么解赚,不过鄙师弟歪头申公豹却说朋友者,朋友也,有钱为朋友,无钱便不朋不友。申弟万事带歪气,这句话虽是"酒肉朋友朝朝有,急难之中无知人"脱口而来,倒也不失真理。

"老朋友",大家知一是白相人之代名辞,白相人者,当然又是大家都知道的狠吃狠斗人也。从前二个人不乐意,"侬领盆啥人"?"老头子啥人"?现在却改为"老朋友啥人"?"大家有三千年道行",就大家有其老朋友的牌头可戤。

轧朋友,所谓"朋友越多越好",交际广,结交的时候固比较吃亏,不过朋友不要在要人家用的时候才结交,平常日子不觉着,到有事的时候,才知道朋友的可贵。但是轧朋友也要生眼睛,像现在是更加,看他五官四肢屁股头没有尾巴,衣冠都像煞是个人,嘴上说得蜜样的甜,到这边如何如何好,到那边如何如何有窜头,使你不知不觉也跟进了斩掉尾巴的"衣冠禽兽"之例,到后来,像刘备责刘封样的"尔食人食,衣人衣,听人言",死了,阎罗王恐怕还要你入割鼻地狱受苦,把你抛入大粪坑"遗臭万年"哩。

工厂区里的轧朋友,又有一解,是异性才称轧朋友,今天定在那里开房间之日,就是朋友轧起之期,所以在那边提起轧朋友三字,兄弟姊妹,都作会心微笑,轧朋友者,就是这个调调儿也。

四九 打切口

江湖上有切口,行行生意都有切口,所以分别出内行外行用的,最普通的讲,旧货摊上买东西,跑路的人常常可以听到,"人字洋钿""尺角"之类的话,这就是切口,就是说"一元""七角",行交行生意,决不敲竹杠,人家说"旧黑心",这倒还有点良心。

白相人的切口更多,而且更普遍,不是白相人大概也知道"大蓬"就是袍子,"顶宫"就是帽子,更有短衫,鞋子,手枪,码子,打起切口来,就变成"壑血","踢头子","喷筒","叉儿",好好的女人称为"寡老","壳子",巡捕先生"条二码子",酱油曰"黑水",手巾为"来子",诸如此类,很多很多。

讲切口不叫讲切口或是说切口,而叫打切口,这大概是切口里的切口。

再有许多切口,是用切音并成,譬之苏广成变为"斯乌,骨杭,市恩",再进一步,可以合三个音成一音,"斯衣乌,骨乌杭"为苏广,最好的可以用七个音合一音,实在拆讲,与"注音字母"差不多的,再有一种是颠倒来的,为之"反切",就是"斯乌"读"乌斯"。

推而广之,国际间有密电码,也就是切口,暗号。

现在来试试切口看:"特矮机矮而爱克暗黑奥而爱黑乎不奥"。

五〇 桂 花

"蟾宫折桂",在从前科举时代,是多么讨人欢喜的话,可是到了文明世界,竟把它一变而成为"起码"的代名词,月里嫦娥有灵,定要暗骂杀千刀也。

不过也难怪,赤豆汤里有桂花,汤水圆团里有桂花,年糕上也放些桂花,用也太用在不高贵的东西上,自然慢慢的连带桂花也给人看得"桂花"起来了。

而且"雅俗共赏",都知道桂花者,蹩脚也。大少爷白相堂子而鬼头鬼脑,处处节省,括皮,请台把酒,白兰地威斯克滥吃狂饮之外,还要拿出一只定制的四十五支装香烟盒子,偷偷地把茄立克装个一饱,好像今天全部费用,都要捞回来似的,于是上至大先生尖先生小先生,下至小阿囝阿水金以及粗做娘姨,都会不约而同的肚皮里骂山门:"桂花客人!"

跑进舞场,舞女之桂花与否,更一目了然,坐在位子上不肯安分守己,不是吃香烟,定是看连环图画,无事端端划自来火,嘴里怪声怪气喊小郎,人家喊来是买巧格力,她不过冲冲白开水,白开水有利小便的作用,跑出跑进只是上马桶间,叮叮咚咚撒起来又至少五六百西西,有几位舞文大家笔上超生,称之为"八月之花",虽然八月里来木樨香,究竟把"桂花"二字避免了,阴功积德,将来定可以接着火车龙头的,有几位欢喜称兄道弟客客气气的,喊其为阿桂姐,可惜姐姐听了,不过回敬白果二枚而已。

五一 | 吃汤团

我们在小学生时代，就欢喜在石板上画了许多小圈圈，二个人一先一后的划，凑成一个一个方格子，谁多谁胜，名为"吃汤团"，可见这个名字，可以说历史悠久了。

"挂粉汤团"，又是颇负盛名的小点心，老枪之流最爱吃芝麻豆沙馅的，二三分钱一只，胃口顶好也不过吃十来只就饱，而且糯米食不易消化，决不像"面黄昏，粥半夜"一般的一来就饿，很为经济实惠，可惜现在白米大涨其价，汤团店里虽不会涨到每只一元，不过汤团小成"酒酿圆子"差不多，苏州人形容眼污多的人为"眼屎干像汤团大"，照这个样子真的要有"汤团像眼屎大"的一日，科学纵然发达，使人不饿的药尚未发明，可以把胃缩小的手术亦从未施行，吃起这种汤团来，一口不要吞五六十只吗？假使阔嘴明星乔治勃郎来沪游历，一二千只恐怕还不够一口呢。

记得王无能的老搭挡钱无量开食品公司的时候，在无线电里播音，宣传他宝号内有美味空心汤团出售，大家都知道"空心汤团"不过是一种说话，形容空欢喜，等于不兑现的支票，冥国银行××银行的钞票，有其名而无其实，现在居然有真的空心汤团可吃，好奇的上海人自然要去尝尝新，何况上头还冠以美味二字，益发要吃了，谁知不过是把冻卤包在汤团里，咸溜溜赛过吃盐水圆子，吃客大上其当，竟实授的吃着了"空心汤团"。

五二　壳　子

从前大名鼎鼎的"寡老",现在已经改名为"壳子",大概因为壳子必须要有"芯子"相配,始能应用,正像女人必须有个男人才可以"阴阳调和",所以拿壳子来代表女子,不但意思像,生理上也很相近。

光是一只芯子没有用的,自来火芯子里虽然安置不少和尚头火柴,要是没有壳子的二片砂皮擦擦,也发不出什么火来,而砂皮没有火柴,似乎也变成空搁起的废物,二者都觉弃之可惜,于是壳子找芯子、芯子找壳子,配来配去,终要配成了恰恰一对,才能相得益彰的发挥它们的功用。红头自来火到处可以擦出火来,所以危险性太大,往往要出"毛里格病",还是提倡"安全第一"为妙。

寡老进化为壳子,轧姘头也进化为"搭壳子",搭壳子者,芯子找壳子之谓也,芯子搭的第一步手术,自然要看壳子的外形美观不美观,最后一步手术,把芯子套套看,合度不合度,大概这些壳子都是胡开文的"小大由之",听说终归合度的多。

烟子巢里跑跑的女人叫:"烟泡寡老",亦即"老枪壳子",十四五岁豆蔻年华的谓之"小壳子",相反的就有"老壳子",凶泼的可称之为"胡椒壳子",滥糊的可称为"浆糊壳子",……名目繁多,不及细载,因人而施,随便什么花样都可以翻,大宴小酌,悉听尊便。

五三 小 开

照本意说起来,必须要是开什么宝号的儿子,"开"店的"小"辈,才可称小开,苏州人称店主东为"开店格",小店主为"小开店格",大概苏州人善杀半价,小开店格受腰斩之惨,存头去尾,变成二个字了。

论理,小开之父当称为"老开",一者"古无其名",二者,现在老开二字已经"另有高就",给十三点捷足先得去了,所以老板仍旧老板,小开自为其小开,各不侵犯,老板与小开最显著的不同地方,大都前者括皮,后者挥霍,太过犹不及,虽然都非正道,不过"刻薄成家,理无久享",有括天搜地的老板,自然会生出挥金如土的小开,小开之受一般人欢迎,倒还是刻薄的老板所赐予。现在有许多外行囤货作老板物价高涨,人家都在冤天恨地,惟有外行老板欢天喜地,闹得昏天黑地,将来天有灵,地有眼,自然也会生出拆天毁地的"洋盘小开"来做他的"消铜匠",把老子辛辛苦苦不管死活弄来的"铜"钿,"消"得精打一抹光。

推本穷源,小开之所以受一般人欢迎,不过看在"大少爷有血"的面上,人为财死,鸟为食亡,鸟眼睛看见了花花纸,一般自命为大人先生的人尚且如此,更莫怪一般平民百姓,大人先生"认贼作父",平民百姓拍马吹牛,一样的要钱,无分彼此,大人先生所能胜一筹者,多一副面具而已,面具并不是能够遮他的本来面目,不过增厚点面皮吧了。

五四 过房爷

人以多娘为荣,多爷为耻,多娘者,一可示其家中富有,二可为自己讨小老婆之预备,将来老头子要摆出爷面孔来,就可以跷起中指,"诺!"责以"只许州官放火,不许百姓点灯"之罪,而自己反可例入第二十五孝,"克绍箕裘",家学渊源,旁人不得为非也。

多爷,可就了不得,不但晚爷面孔难看,而且大家要指指触触封为"小乌龟",因此大家不愿多爷。反而大家专想做别人的爷,"人之患在好为人爷"也顾不得了,做爷有什么好处?不过多同一只老蟹发生关系罢了。

可是事情变化没有定例,偏有人欢喜叫别人爷,"过房爷"其最著者也。人家说"门前大树好遮荫",这批过房儿子难道都想乘风凉吗?何况过房爷的权力比嫡亲老子还要大,老子神气活现,儿子照样可以强头摆耳朵,三个不对,电灯扑落家家有就可以请老子尝滋味,而且完全"科学化",过房爷偶然小生日,却是斤通大蜡烛,寿字香,恭恭敬敬叩首叩首再叩首的拜寿,亲老子的耗精费血,护养十余年视为理所当然,毋庸感谢,过房爷不过请他吃过一杯白兰地,就五体投地,铭诸五中,没齿不忘,结草殒首以报答,什么道理?鄙人无过房爷,不能作答。

话又得说回来,爷,父耶而成,语气中还带一个?号,尚在疑惑不决之间,致若"认贼作父"之辈,则更不值得一谈矣。

五五　现世报

谁人不知,那个不晓,现世报是本噱头周刊,放在闲话中,则不是报,乃是老幼咸悉的一句闲话而已。

"恶有恶报,善有善报,倘然勿报,辰光勿曾到",可见有因必有果,马驴子说起来:"前世勿修今世苦",那么报应已经隔了一世,前世事谁知道,来世事更难以明白,因此有许多人只求现世,不关乌龟贼强盗都要做,可惜现世也有报应,遂使这批"现世"朋友,卧不贴席了。

"淫人妻女者,妻子被人淫",带了人家的老婆开好房间出来,恰巧人家也带了他的妻子进来开房间,这只床上方才是你和别人的妻子共效于飞之乐,几小时后,却是你的妻子同别人在双结鱼水之欢,回到家里,你骗她在朋友家里饮酒,她骗你在姊妹淘打牌,这就叫做现世报。

所以莫看他人心旷体胖,腹大便便,面孔团团,俨然富翁,他上午送给姨太太的一只钻戒,晚上已经由姨太太转送给汽车夫了。

最近朱姓的弟兄为了二百元小事,刑庭相见,泉下的老子有知,定当痛哭失声,好得只有弟兄二人,假使"朱"家有了兄弟"三"家"头",那么搅起来更不成话,不知作了些什么事,现世报到如此!

五六 梁山泊

提起此名来头大,一百另八位好汉聚义之所,替天行道,可惜及时雨宋江,智多星吴用,乃是及时雨送江,智多星无用,因此一事无成,不过到现在说起景阳冈武松打虎来,还是能令人眉飞色舞。

既然如此,那么上海之所谓梁山泊,理当是指一辈英雄豪侠之流了,可是上海流行谐音的"五四二六四"谐音"我是你老子","梁山泊"于是也"二三八"二加三加八,恰恰凑成十三点。

"十三点"大概是社会上所不能缺少的原素,所以到处有得见到,称之为十三点,因为壽字是十三笔,所以寿头者,即是十三点之前身也。

有一家小型舞场,称自己的红星为"十三点",并谓十三点即是天真憨直,话虽有相当理由,憨人是真的,天真却未必,要是十三点是天真,那么小孩子都是十三点了,苏州人打话"当着勿着"该东不东,该西不西,有点出乎意料之外,才是标准十三点。

十三点处处不好,惟有在吃酒的时候,一桌上有了一个梁山泊好汉,就可以妙趣横生,吃足豆腐,绝好的一服醒酒药。

五七 | 新　龟

　　乌龟,四灵之一,文庙前负石碑者也,从前人都以乌龟为吉祥之物,而且寿长不易死,所以有"千年勿死老乌龟",较之"老而不死是为贼",更加来得实际化,可惜也是乌龟流年不利,到现在,不但人家做寿不能送"寿比乌龟",反而把妻子偷汉的丈夫,识其为乌龟,据说还是"历史悠久"的事——从前,雄乌龟和蛇为把兄弟,雌龟也大有潘金莲戏叔之风,雄龟知道之后,每逢出门,就绕妻撒下龟尿,因为蛇是怕龟尿的,不料雌龟会得移樽就教,事后再爬进尿圈,雄龟回来,颇为自得,不料今日臭乌龟的势力倒越来越大,不但丈夫是乌龟,连带兄弟父母都例入了。这只好算乌龟交着了"臭运"。

　　致于新龟呢,新者新出也,好比是小乌龟初出世还没有几年之谓,不过乌龟虽小,十三块六角俱全,而且"宽洪量大",对于妻子姊妹,不但龟尿都不撒一场,而且甘愿送给蛇去派用场,比之从前的乌龟更摩登,摩登者,新也,因名曰"新龟"。

五八 雨夹雪

入春以来,已经下过雨夹雪,近来才放暖像个春天,总算普善山庄有幸,少用脱不少施棺材。

"人身一小天地也",天有雨夹雪,人也有雨夹雪,天下雨夹雪,上海人受灾难漂漂亮亮的新皮鞋新衣服少了出风头的机会,冤天恨地的,本来,老天在上海下雨下雪是多余的事,假使纯下雪,那么还可以凭高楼,喝花雕,吃羊羔,火锅,赏雪。夹雨,那真是太"天不作美"了。人的雨夹雪,花头多咧,说起话来东拉西凑,一也,弹词名家一会儿唱"俞"调,一会儿夹出一句"薛小卿"的调门二也,跳舞给舞票,是其本份,要讨好姑娘,舞票多给一点,不过这种男人都是最会体惜女人的,舞票要同舞场当局对半折现,给她十元,只到手五元,为求使对方实惠起见,买五元舞票,给她时夹一张"电线木杆"在内,一样的化去十五元,舞场里只到手二元半,自然她会感激得"四体投地",何况夹起来向无定例,越多越感激,来而不往非礼也,投我以钞票,报之以什么呢?唱小曲上一句老调,"青纱帐里报你恩",此其三也,你看那光景?

五九　麒派喉咙

　　周信芳从前也曾潦倒过一时,现在却红得像女人家"经事超前"发紫的了,红的原因,当然有其艺术价值的关系,可是一大半,却靠了这只因祸得福的沙喉咙,现在日脚难过,白米如此昂贵,兼为了防缺少维他命而生"脚气病"起见,恐怕都要吃糠,麒派喉咙于是更加普遍了。

　　麒麟童既然以"只此一家并无分出"的喉咙号召一时,于是有许多本来嗓子好的人,夹紧了屁股,窒塞了胸膛,强迫成沙喉咙,成了个阴勿阴来阳勿阳,画虎不成反类犬,学麒不成反类"枪",枪者,老枪也,烟老枪,终日烟火气在喉咙头来来往往,熏得音声欠扬,早前的形容沙喉咙,本是老枪喉咙任职,最近才卸任,所以还是麒派的前任太爷呢。

　　要听麒派喉咙,化钱的不必说,不化钱的,除了在店家无线电里听听"马来"之外,可以在吃夜饭的时候,弄堂里大唱"嗳,要看到卖国贼吃炸弹",同时,还有其老枪噱头,譬如在六马路,他就唱"要看到六马路出大毛病",在三马路,就唱三马路出毛病,买一张来看,不但"查无实据",而且还是前星期的旧报。

六〇 剥田鸡

不提起此言还只罢了,提起此言,怎不叫人恨煞。损失了大衣袍子皮夹钞票不算,而且还要做猪猡,夏天倒没有关系,脱光了衣服正好吹风凉,可恶这辈屠夫,越是天冷越巴结,回到家里,一场伤寒重症,请医吃药,呢绒哔叽虽贵,合计起来,几件大衣恐怕还不够一点哩!

剥小人的衣服,却不说是像广东店里称为"乳猪",谓之"剥田鸡",鼠牛比,猪鸡比,相差都很多,而且猪猡还会叫叫,田鸡到此时杀掉时也不会叫的,小孩子看见了狼吃狼斗的屠夫,自然也吓得作不出声来的了。

近来西只角里,此风最盛,盒子炮像洋囡囡当官在手里玩,他身上所缺,就在你身上取去,腰眼里一顶,跟他进弄堂,从上头帽子到下头皮鞋,一样样与你"物物交换",弄得你公共汽车卖票员不准你上车的架形,黄包车夫也对你白白眼,怕你付不出车钱,终算有一点好处,就是不致生伤寒,回家来不过请祖母大人替你非叫叫喜,就可平安无事。

六一 老 蟹

"九月团脐十月尖",持螯,把杯赏菊,引起了多少文人雅士之兴,本来,有吃有看,不必一定要是文人雅士才有兴,任何人都会高兴的。

无肠公子,横行将军,在"水"里是耀武扬威,可是结果,还不是满面通红的"含羞而死"吗?无肠,亦即无心肝,苏州人打话"呒脑子","呒清头",所以它们的结果,亦属必有的归宿,无足为怪。

不知那一个天杀的发明出来,称女人为蟹,徐娘半老,就说是"老蟹",吃老蟹,在一般人看来,又是件非常不名誉(?)的事,其故安在?大概蟹性含毒,越老越毒,"备死吃河豚",当然有其另外目的,于是所谓漂亮吃价朋友,就认为吃老蟹的是说不起的人物了。

但是据"吃蟹"的人说,蟹有蟹的滋味。堂子里的金科玉律:"老头子良心好,小伙子才是滑头",吃蟹朋友也抱定这种宗旨,老头子良心好在那里?钱多而已矣。老蟹的滋味在那里?也无非是这个理由,虽有毒质,不顾也,虽有危险,不顾也,有损于名誉,则更不消一顾矣。

六二 烧香头

大除夕深夜，年初一另点一分，南京路虹庙前挤得人山人海，一个个手捧上香八烛，挤进去烧香，其他时候为什么没有这样轧？因为年初一第一个到神前点香烛，谓之"烧头香"，烧着头香的人，据说神道为了讨讨吉利口彩起见，一定要给他许多好处，慈善奖券的头奖得主，恐怕就是吾神保佑之故，因此大家抱了这种心理都想去向神讨好。从前城隍庙里，一到这个时候，庙前街前门起，一直到小世界边止，塞得实实足足，中间的人可以不须举足，四周的人挤起来，自会把你拥得二腿脱空，渐渐的带进大殿，小脚娘娘脚背踏平，鸡胸龟背的人可以"不药而愈"，长大的山东胖子会挤成弹棉花杵，上粗而下细。

头香本来天天可以烧，每日的第一支香，每月初一日的第一支香，都是头香，不过天天烧头香，年费三百六十支，吃素的善良人为节省起见，致成年费十二支，修行的聪敏人更节约，年初一烧一支就好了，费一支而收三百六十支之效，何况还有闰月，年初一烧头香的人就可以不在此例了。

六三 开房间

　　从前的旅馆,所谓招待往来客商,打个尖,吃餐饭,就要动身,决没有把旅馆当自己家的,自从上海有了大旅馆以来,冬天水汀,茶房服侍周到,而且淴浴房间更可以使一般太太小姐欢迎,除了公馆里有自备水汀,差不多人家,女人在夏天外终有几个月不洗澡的,一有淴浴房间,自然要出清存货了。

　　何况"饱暖思淫欲",大都会里就是个女人比男人多的地方,乡村里也许可以在麦田里一钻,上海不能在马路上躺下,舒适而秘密,自然只有上旅馆开房间,就可以畅所欲为,所以旅馆里无异是一个公开的大台基。

　　轻薄儿在马路上钉牢了人家小大姐。"喂!开房间淴浴去哦?"吃价的女人:"阬末道理,开房间跟侬走,就是礼拜六大家开个房间玩玩。"叉麻雀之外,终少不了姑娘来点缀,所以道学先生摇头说:"开房间终归弄勿出好事体。"

六四 出风头

有一则寓言笑话:"大小蟹都在笼内蒸,笼底之蟹谓笼面之蟹曰:尔等让路,待我爬上去出出风头。小蟹曰:'笼'恩浩荡,你我都要红的,何必竭力向上钻"。由此可见所谓风头,不过是死出出罢了。

一般人都认为凡人一朝名满天下,便是风头已出,小言之,买一双新皮鞋擦得上亮,在友朋前左右转侧,亦自以为出风头,自己家里只在后门口钉了一块搪瓷招牌,卡片上便印了××社社长,社里所办何事?"不足为外人道也"。一人而兼社长,社员,文牍,会计,庶务,茶房数职,收得效果,不过印刷所里在卡片上多印一行字而已矣。

所以,出风头的人不会办事,办事的人决不出风头,能得大众爱护,世界敬仰者,此非出风头也,是大家自愿的去爱戴他。风头主义者便不然,完全故意做作,心里不怕事情办不好,只怕风头出不出,处处只求表面,事事但讲风头,实际毫无一用,收买些无赖流棍,兴高彩烈曰"欢迎",曰"拥护",登高而自呼曰:"我已得人民爱戴",风头出矣,祖宗哭矣。

六五 触霉头

"六十年风水轮流转",命来运来。讨家婆带儿子来,六只眼睛结婚,倒是"内外兼顾",一个人"龙门要跳,狗洞要钻",跳龙门时是鸿运当道,钻狗洞时是灰气星侵入屁眼——触霉头之至。

灰气与运气赛如龙头与煤车,不经过灰气不交运,不交运也不会触霉头,跟踪而来,反反覆覆,一个人一生一世不知要交几次运,触几次霉头,才能安安谧谧吃太平饭。

上海人之触霉头,以远近分轻重,最重者,亦即最远者,可以"霉头触到印度国",本来,一清早跑出大门,就碰着了红头阿三黄头阿四昆仲,多少,今天的胃口要打个一折七扣了。

大众认为最触霉头的,就是大众认为最受欢迎的女人了,给女人打了一记耳光,要触三年霉头,被打的人就有要求"保三年太平"的权利,不幸而跑进弄堂,恰巧小鬼丫头拉开裤子撒,这里是触霉头中的"聚精会神"之处,若不到虹庙去烧香,非要去买眼药搨不可。

六六 桃花运

正是懒阳阳的春天,来讲桃花运,真所谓"人天同庆",这三个字无不欢迎的。

算命先生说:"桃花运就是财运,不走歪路,就能大发其财",但不知桃花比财运吃价? 财运比桃花受人欢迎?

桃花运无论男女,都能交,而且都爱交,一般相面的女史们,就凭这一点吃饭,年青小伙子听着了这句话,就得心头热烘烘,何况对他讲的正是一个妙龄少女,"侬今年刚刚交进桃花运,当心点,勿要弄得浑头昏脑",这几句话出于娇滴滴的樱桃口内,更加有味,不过仔细听听"刚刚交进桃花运",谁来看相你? 却就是这位女史啊! 我有好几个朋友,都去请教过女相士。除了每人都交桃花运外,身上不尴不尬之处,这位女史总说有一粒痣,过后,我位朋友十分懊恼,后悔不当时拉开裤子验验看,到底有痣没有痣?

女人家说起交桃花运,即使心中一千个愿意,顶好把男人抓一把来挑选挑选,面孔上都会脸泛桃花,堂子里女人更不必说,一天到夜只望交桃花运,不过真正当面说她要交桃花运了,她也会眼睛一歪,骂你"死人"的。

六七 滥　糊

　　饱暖终日,无所事事,家事有老子,国事管他娘,今天跳通宵,明天开房间,后天上馆子,一年到头,无事忙,爷来爷好,娘来娘好,朋友多一个是一个,乌龟贼强盗,水陆二栖物,都是他的知己莫逆,这个大概就是所谓标准滥糊朋友了。

　　滥糊朋友不说自己滥糊,只说人家古怪,格格难入,第一次见面,尊姓大名还没有弄清楚,已经如萧何追韩信的三生有幸,一见如故。他处世的金科玉律,第一是"随便",假使他做律师,那是真最合"以当事人之意志为意志"了,人家说去看影戏,随便,吃大菜,随便,孵混堂,随便,剃头,他也去修个面,总之,你高兴的他无不兴高,要讲去得去不得,便违反了他的随便宗旨。

　　女人也有滥糊,今天张三,明天李四,方才同王五在东方出来,又同杜六到扬子去了,肉身布施,慈航普渡,多多益善,来者不拒,凡是裤裆里多一点的都是姐合意丈夫,亦即所谓"滥糊寡老"。

六八 撒烂屙

油腻生冷一起下肚,医生说:肠胃中要起变化。于是明天腹皮一叫,咕噜噜九曲回肠,撒下烂屙来了。

小贼偷不着东西,在"败兴而返"前,必定要在那家撒下一堆烂屙,解解晦气,据说:不如此,以后就要出手不利。

报纸上常常看见"缉拿逃伙",还有尊容一幅外,加年岁,操××口音,真是"音容宛在",伊何人?撒烂屙朋友也。

这边撒了烂屙,跑到那边,那边撒了烂屙,再到这边,撒一票烂屙,够个一生半世享用,可惜"撒屎勿图天亮","雪里葬不落死人",终有被人发觉,送官究办之一天,法网难逃,粪坑里的陈年宿古董,终有被清洁夫除之一日也。

不过在撒烂屙的臭运当道之时,似乎奈何他们不得,"逐臭之夫"以签得"大屎连头"为光荣,万国瞻仰之所,孤零零的南边摆下一只大粪缸,北边摆下一只大毛坑,犹自不肯安安逸逸,还要"青竹竿淘粪坑",越淘越臭,气延万年。何必?

六九　海　派

这是上海的本命星官,值年太岁,真命天子,嫡血儿女,也就是上海的魂灵头。

唱平剧的有"京兆派","海派",前者是循规蹈矩,守前辈所留下来的章程,后者却随意变化,花描好看热闹就是了。

乡下人到上海,任凭穿西装,着皮鞋,吃茄立克,在一举手,一动足,一开口之间,终会"狐狸尾巴显原形",土气难脱,原因何在,未熟习海派故也。

海派何谓?简单言之,就是一乐大派,不在乎的样子,袋里只有二角钱,跑进店家买东西,第一曰"挑好一眼的",然后再次一等,次一等,到每件二角为止,决不肯走进去就是"蹩脚点格,几钿?"开口问价钿,就不是海派,必须先看货,后论价,讳言价钿太大,只说样子不合,颜色不对。

说话中间,犹必须夹入上海独家流行的"触伊勒","糟兄","吃价","噱头","苗头","窜头"等等,那么不但外表是海派,肚皮里也装下海派了。

假使要在别处地方学海派样样可以办得到,惟有一件"镇静而不易感动"的心学不来,所以海派也只有在上海风行了。

七○ 落　路

落路不落路，字面讲，落路者，在道理上，在规矩上，"虽不中，不远矣"。

办事体能办到落路，不是件容易的事，非老世故不可，面面顾到，圆无棱角，多方面看来尽以为在道理之中，所谓"三面言明，各无异言"，"此系二愿非迫"，漂漂亮亮，大大方方，顾此而失彼，这面听得进，那边却吃不下，就是所谓"勿落路"了。

讲得透澈一点，就是公正无私，错的说错，好的说好，该那是那，决不"得人钱财，与人消灾"，不问是非曲直，专做"吃洋帮相"的事。

落路朋友，办事认真，"吃啥饭，当啥心"，老板用着这种伙计，决没有出"缉拿逃伙……"广告费的危险。

另一种解释，则落路作为同意，勿落路就是不同意，不同意就要对不起，自己勿落路反而硬要别人落路，这就是大亨之所以成为大亨。

这种大亨，现在最多，到底有多少数目，只要到夏天去数数粪坑里的大头蛆，而且利诱威胁，一定要人家跟着"落"到他们一条"路"上，慎之戒之。

七一 老 大

老大,读如老杜,正像大世界不能读杜世界,黄包车夫嘴里大英地界,大马路一样,大杜各分界限,说错了就不成其为大杜。

跷跷大拇指头说"老大",亦即是洋泾浜的"那摩温",至高无上之第一名也。

我们贵国人的习惯,三个弟兄终是阿大阿二阿三,照数目说起来,二比一多,三比二多,大概因为不称老一而曰老大,所以比老三老四要高一级了。

苏州人却又有些特别,老大照样可以不读老杜,"虫乾老大"是也,形容此人假冒老大,实则毫无一用,可见老大的本身还是老大,上面冠了二个字,便成滑头货,在原来的名称上,往往加上一个"新"字,虽然新下二个字是和真的一样,不过谁都知道,那是"伪"定一时而已。

既有老大,便有老二老三老四以至老末老灰,老大之成,必须要有许多人之拥戴,认为非此人做老大领头不可,才是真正的老大,货真价实,自然人家甘愿做老二老末而无冤。反之,"挂羊头卖狗肉",自己跷大指头,自称"老大在此",还不如学天晓得竖块招牌来得有效力了。

七二 摆丹老

　　这是一种最恶的恶作剧,一只灯笼壳里,装满黄金万两,甚至加入桐油米醋,和得不厚不薄,冤家相逢,把灯笼壳子一套、一个头恰巧钻进,嘴巴"哎呀"一声,则大香蕉入口而化,异味饱尝,加过桐油米醋的,更加不易洗去,面色染成枯荷叶色,人未到厢房,臭气已达客堂,足使你二个礼拜见不得人面。

　　摆丹老的原因,当然是为了仇,冤,白刃相见太小题大做,请人打他一顿,拳头不生眼睛,弄得"因伤致命",也是非同小可,肚肠角落里翻出来的花样,叫二三个瘪三,化几块钱,就可以成功,一不会在灯笼壳子内窒息而死,二不会吃下去的米田共有砒霜之效,既不受伤,又不致死,可是被摆人的痛苦,却超过受伤致死的。

　　女人也往往有被人"摆"的事发生,那么十分之八九是为了桃色纠纷,黄□恐怖于是加到三花牌搽满的面孔上电烫头发七湾八曲,黄佬佬最好的盘旋之所,灰色大衣上班班点点,变成豹皮大衣,这种男子,在要她的时候,惟恐她身上搽得不香,法国香水滥送,现在却惟恐她不臭。"臭男子"。臭女人,倒是天生一对。

七三 颜 色

五颜六色,自清墨山水而至五彩花卉,自黑白默片而至五彩天然色影片,五彩卡通片,各显颜色,弄得五光十色,上海人恨不得多生几只眼睛来看。

"给颜色你看"!就是"叫你知道我的利害",颜色大家有,不过在要给颜色人家看,大都离不了"暗箭伤人",昨天所讲的摆丹老,一也,叫几个大亨排三和土,二也,私下里在经理前戳壁脚,三也,终之,给颜色你看这句话一出,君子言而有信,损人不利己的事多会在颜色上给你看。

当然,无因无头那会给颜色你看,你先给人家吃了辣椒,人家才会给红颜色你看。这句话,也等于是绑票匪的先来恐吓手段,一封信,有许多只会写恐吓信不会绑人的也很多,说给颜色你看的人未必都是有颜色的人,在只有二个人的时候是恐吓性质,三朋四友一起的时候是借此落场,真正有否颜色,这叫做"君子报仇,十年不迟",武侠小说上什么飞天蜈蚣给人打了一跤,说:"好,三年后再见",他妈的蛋,打他的是谁也没有知道哩,三年后在那里见?

七四 | **生意浪**

　　阿金姐碰着了乡下上来的小姊妹阿巧林说:"倷到倪生意浪来白相相嘘,勿碍格,倪先生交关客气。"为人在世,一切都是将本求利,"千里做官只为财",老远的从千里外跑到上海来干吗?化了大本钿开店干吗?爷娘辛辛苦苦的化钱给儿子读书学生意干吗?二房东化了整千顶费小费,再给木匠许多钱把房子改成"火车间"式,又是干吗?为来为去为的是钱,钱可以买米烧饭,多少当然不在此例,可以买衣服护身保暖,维持生命是衣食。换衣食的原素是钱,所以赚钱就是"生意",说什么运动,什么薄利,什么为了什么,曲曲湾湾,都不过是一种"生意经"罢了。

　　可是阿金如说的生意浪,似乎范围太广了一点,叫阿巧林到那里去寻,那里去找?别慌别忙,不说店里而称生意浪,关键就在于此,说出来又好像要坍了苏州人的台。生意浪者,妓院也,公子哥儿玩姑娘的地方也,而且做这种生意的,大多是苏州人,我们可以听到从大先生起至烧汤阿木金为止,全是一口苏白,但是据苏州人告诉我说:"这是极天大冤枉,宁波人江北人无论何处人,一进妓院,都瞎说是苏州人,因为苏州娘儿讨人欢喜的关系",这且不必去查证据,或是历史,生意浪就是妓院却是真的,会乐里、迎春坊、群玉坊、乐裕里、福致里、福祥里、小花园……,乖乖隆冬,都是上海生意中的生意浪。

七五 道 地

　　识白字的先生看来是"通他乐林",药材店里老板说招牌上写的是"道地药材",据说从前全国不分省,分为十三道地,何药以产于何处者佳,药材店里表示"川雅连""苏薄荷"的确是采用川产苏产起见,所以挂起招牌来就叫道地药材,现在有的人家已经改用"各省药材"了,道地,各省,都不过说是不马马虎虎而已,到底道地与否,好在"修合虽无人见,存心自有天知",罚过了这么一个鲜血淋淋的大咒,不道地也只好当他道地,假使再有人说不道地,此人的"存心"真的只有"天知"了。

　　任何事,大家都欢喜道地人办,因为决不"脱头落配",又是据说:托道地人办"于归之喜"的嫁奁,一切应用物件之外,连得"卫生棉花","橡皮月经带",都办好,不但此也,而且还附带一条上白绝软毛巾一条。做什么用的呢?用的人新郎新娘不肯说,问问道地人,也不肯说真的,道地人肯说出毛巾派什么用场,还能算是道地人吗?道地人之所以道地,就在于这一条毛巾上,到底什么意思,连我至今还没有弄明白,所以我也永远做不来道地人,天生我不善道地,莫怪莫冤!

　　一言以譬之,道地人,兼负责细心也,心细而不负责,等死人落葬他才把棺材抬来,负责而不心细,死的大块头,买来小棺材,只能装大块头一只脚,都无用场。

七六 辣　手

"风骚泼辣名旦×××",已经可见辣些什么了。本来,甜酸苦辣咸,辣是五味之一,五味中也就是辣味最有刺激,所以爱刺激的人总爱辣,四川人湖南人之吃辣,素负盛名,鄙同居就有一位四川人,一到辣椒出市,总收集了许多红辣椒,放在晒台上晒,一片红色,已经够人刺激,望之生怖,喉咙里辣滋滋,他们的令公郎,年方六岁,爬到露台上,偷一只辣椒对嘴里塞,子也没有吐出一粒,真不亏为四川人生下来的,承蒙不弃,请我便饭,小菜中只只加辣鄙人吃起炒鱼豆腐加辣火,都是不觉其辣,今天可就失了风,连汤都喝不进一口,勉强吃了一碗饭,慌忙告辞回家,足足吃了一热水瓶白开水,嘴里才觉舒服无事。

"辣手辣脚"仁兄仁姊,即使不是四川湖南人,大概四肢都在辣油里浸过的,办事终归凶,狠,泼,三美俱全,一句话不对,老拳先对你胸口,巴掌先伸到人家面孔上,再不然,拳打之外加以脚踢,踢起来又非对准要紧地方不可,赛过不如此不能致命,就是文一点的讲吧,经理先生专门寻小职员的错头,一来罚薪,二来停职,二房东一间灶皮月租五十元,押租一年,三房客都摇摇头说:"真正辣手辣脚!"

七七 | ## 拆牛棚

　　"横势横,拆牛棚",中国是以农立国,所以牛也是农家的紧要牲畜,牛棚既拆,就是无意再养牛,不养牛,就是不种田了,不种田,一家老小吃什么？这个横势横,也就横到底的了。

　　一个人最不能有拆牛棚的脾气,你说我小气,你妈的,老子终归小气了,拆牛棚,开水也不请你吃一杯。你说我在外头胡调,拆牛棚,野鸡也要去打打。你说我打牌不小心,拆牛棚！庄家中风白板碰出,偏打一只发财给他和三元。"过则勿惮改",有则改之,无则勉之,拆牛棚的人可不然,有则加之,无则有之,越劝越僵,可是归根打算,吃亏的仍是自己,拆牛棚,不过是拆了自己的棚吧了。

　　有人说拆牛棚就是百折不回,非也非也,百折不回是受的别人阻碍拆牛棚。是受的人家讽刺规劝,人家为什么要讽刺规劝？因为你走的不是正道,劝得醒与劝不醒,与人家并无利害相关。别人为什么要阻碍你,当然因为与他有害。百折不回尚且要看事情,拆牛棚可就不对了,简直是一种"老羞成怒"而已,所以绝对要不得的。

七八 钟 派

上海最有名的"相公",叫钟雪琴,擅青衣,叫一个堂差,要法币四元,面孔上搽得红红白白,有时还穿旗袍,胸前一大串白兰花,拿了块手巾,说起话来嗲声嗲气,恶形恶状,比女人都利害,男人中出了这位大亨,真正倒尽酸气。

因此凡男人而具有"女性化"的人,都称之为"钟派",譬如昨天登报声明的某电影小生,人家就称之为"钟派明星",讲得明朗化一点,就是"屁精式",现代女性,都讲究男性化,主张粗脚大手,男人所能做的事,她们都要做,上海男性,却研究女性化,掉一句文绉绉话:"温如处子",这真是岛孤上畸形中的畸形了。

本来,现在有许多男人像女人,办事狗比倒灶,牵丝攀藤,忽东忽西,胸中无主张,等于专门形容女人的"水性杨花"甚至像妓女,早秦暮楚,不论生张熟魏,倒来倒去,形式上虽然不像"钟派",性情,人格,比之挂了招牌卖屁股的钟雪琴还要不值一分臭钱!

我想将来钟雪琴百年之后,这批钟派子孙,一定要立庙纪念,受那万年烟火,春秋二祭,庙中一定有什么"钟派大人物"亲笔写的匾额:"遗臭万年",主祭起来,也许还要来一篇"祭文",如丧考妣的做出孝子顺孙腔给主子看呢!

七九　自说自话

　　除非是一个疯子,神经错乱才会一个人在房里自说自话,无论何人,说话终有个对象,你说他听,他说你听,假使自己说给自己听,根本不必要说出声来,只要自己默默思量就是了。

　　但是世界上偏多自说自话的人。"主席××在未回京前,由××暂代",嘿!说给谁听?他自以为说了这句话会增高自己的身份,岂知适得其反,欲盖弥彰,越使人觉得他的无聊,无耻,无事忙,无法可使,自说自话到这个地步,别的反应倒没有,只是挑挑牙医生,多做点生意,因为有许多人为了他这句话,笑掉了牙床骨哩!

　　那么自说自话的人有什么好处呢?有的,就是把他的面皮,越说越老而已。"天下无难事,只要老面皮",面皮老的人,到东到西有饭吃,听说他还是学的中外古贤人风。"唾脸自干"和"假使有人打了你的左颊,你把右颊再给他打",好在他面皮老,一口涎水吐在面孔上,连觉也没有觉着,打记耳光,只要打的人不怕手掌发痛,他连红都没有红一红。不会自说自话的人,当然只有"甘拜下风"了。

八〇 迷 汤

提起了这二个字,就使人混淘淘,从前自以为忠于主子的汉奸曾国藩,他在攻进太平天国的南京后,一般奴子奴孙,都做了许多时文去贺他,他却装订成册,题曰"迷汤大全"。可是做汉奸的人矛盾了,他自己对主子大灌迷汤,而成大奴婢,却不赞成小奴婢对他灌迷汤,也许,他还不承认自己灌了主子的迷汤哩。

本来,灌迷汤也有有意与无意,一种是把灌迷汤事看作是一件了不得的正经,一种是藉迷汤而达到自己升官发财的目的,同一灌也,前者较优于后者,前者是误会,后者即是无耻灌迷汤而损害了魂灵祖宗子孙,更是无耻中的无耻。

不过迷汤功夫好的人,可以使人不知其为迷汤,普通点讲吧,舞女灌舞客的迷汤,舞客会不自觉的情愿做瘟生,但是,在一个旁观者是能够清楚的分得出来的。

至于"迷汤大王",那么更高人一等了,不但要灌主子,还要灌万万千千人,要使万万千千人入他的迷混局内,可惜受这称迷汤的人到底不多,说不定还有人假做"入汤"而反灌以迷汤,这位"大王"自以为是智不可及,却实在是愚不可及。

八一 热 络

跳刊上常常有"×姓与西装客出演于××,状颇热络",热络,亦即"很不差的样子",大概是"亲亲热热","络络脉脉"的简称。当然,又是那位节约做人家专家想出来的玩意儿。

朋友轧到知己知彼,当然自会热络,但是这种热络,是热络在心里,若是表面的热络,那就有真假之不同了,真的热络,是心里如此,面上也如此。

致于假热络,可称为"蜜拌砒霜",亦即"一面孔仁义道德,满肚皮男盗女娼",据说善交际的人,都善于热络,假如譬之钓鱼的话,那么这个热络就是香饵,现在这种"渔翁"很多,钓人的东西,最好香饵,自然只有钞票最灵光,"乌眼睛看见了花花纸",魂灵不必出卖,已经飞去的了,所不同于普通渔翁鱼儿的,钓鱼是把鱼钓出水,钓人可就把人钓"落来"而已,所以称之为渔翁还不切,称之为"落水鬼"才名符其实!

那么到底做人应否热络?照我说起来,只要随心,心里对他热络,那么自然的表面也会热络,心里并不热络,为了有求于他、或是利用他,才装出一面孔热络,这便是违心,不必要的事了。所以为人不必热络,随本心如何就如何好了。

八二 桃 色

春天写桃色事,似乎是非常应市的,在新诗人的笔下,该是"粉红色的梦"了。

大红颜色虽然艳,似乎火气太重,惟有粉红色,才够得上娇艳二字,桃花的颜色恰是粉红、而且是花,于是乎拿"桃色"二字来代表形容男男女女香艳肉感的事,是再切当也没有了。

报纸上天天有所谓"搅七捻三",争风吃醋的事,离不了男女关系的,都可称之为"桃色新闻",一般看报的,似乎对于这种新闻特别感到兴趣,所以报馆里也把这种事有意加上动人听闻,触目惊心的标题。

法院里每天这种案子更多,"有夫之妇与人通奸者,处六月以上徒刑,其相奸者亦同",还有"奸后弃","引诱未满二十岁女子","诱奸未满二十岁女子",虽然都有徒刑可吃,可是犯的人依旧很多。道学先生对于这种事虽摇头叹为:"世风日下,人心不古",但是对要紧关子"事关风化,禁止旁听",可又认为非常的"憾事"。

之外,尚有"天知地知你知我知"旁人不得而知的桃色事,更多,不要说别的,认为"六根清洁"的和尚寺尼姑庵还常常有这种事发生,遑论其他!

八四 阿迷迷*

"姐夫跳阿姨,阿迷迷",于此可见何谓阿迷迷了。摆在苏州人嘴里,就是"阿要难为情",也是就害羞。说来话去,姐夫同阿姨跳舞,根本没有什么大不了,不过在一般好事的娘儿们看来,就变成阿迷迷了,假使严格点说起来,阿迷迷的事真多哩!

例如上典当碰着亲家公,"斩肉"碰着爷老头子,结婚时新娘叫肚皮痛进产科医院,这类事就一致公认为阿迷迷,可是话说回来,上典当,为了无钱用也,既不肯做偷抢爬拿的事,没有办法,只有把身外之物去当,物事虽当了,人格没有当掉,何尝阿迷迷?斩咸肉是玩玩的事,"有其父,必有其子","父子同科"在那种地方根本很平常,祖孙同科也有,不过二方面没有碰面而已,也不能算阿迷迷。"先行交易,择吉开张",此事中外风行,结婚后生儿子,生过儿子再结婚,还不是一样的事?也不能算阿迷迷。

可是奇了,并不阿迷迷的事,往往会被人认为阿迷迷,真正阿迷迷的倒反认为是"荣宗耀祖"。最新式汽车进进出出,人家反说:"有风头"!不知献了什么妹子阿姊,讨得主子欢喜万事一句闲话,人家反说:"有面子"!一点也不阿迷迷了。

---

* 编者注:第83篇为"西只角",只有标题而无应文,故未收录。

八五 十一

这是用拆字格化出来的新闲话,土也。

从前在南市新桥街一带,现在,仍旧差不多是在这些地方,"某某纱号","某某庄"等等,一律卖的是"黑老",亦即是土行,里边的职员,从前称之为"吃黑老饭"的,现在改称"吃十一饭"了。

世界各国,都以玫瑰花象征爱情,以罂粟花象征和平。我想除非人人都吸上了鸦片烟,弄得生气全无,所以虽属"有枪阶级",倒是平心静气,只要一盏孤灯在,你拖了他老婆去开房间也没有关系,决不会有半句闲话。

八六 | 作 死

"好死不如恶活",那一个人肯"作死",叫化子忍饥忍寒,讨得几分钱,还要买白面,照说,这种人是不会有出头之日了,反不如爽爽快快死了干净,可是他偏要活,除非阎王派了小鬼特地请他去,他才不得不去。

那么作死这句闲话,岂非变成有名无实?不然不然!作死,并不是他自己想死,不过是他所作所为,不自觉的望死路上走而已。

这也不是说此人糟塌身体,狂嫖,狂饮,或者拼命举拿不动的石担,不受伤困医院不成功,也许,在旁人看来是作死,他自己却正以为走的是"生路",本来,明知是死路,又谁肯自己走上去?

西只角跑跑的人,那一个是预备去输的,谁不想今天赢八百,明天一千。二三个月,发财了,可是谁看见有人在西只角发了财在造洋房坐汽车?在初时人家劝他:"不要作死",等于耳边风,直到跑在黄浦边码头上想再跨一步出去,才知是作死,可是已经死定了,欲活不能矣。除非台子老板,死了几个作死人,给她买了汽车,拥了小老婆开心!

上海滩作死人本来多得很,现在更多,自从有一个由千里外跑到上海来作死后,一个个跟他跳黄浦"落水"作死,大概水晶宫里"承相"没有人做的关系!

八七 睬侬吴鉴光

老上海都知道,上海滩有"二个半滑头",一个是南京路保安司徒庙,也叫做虹庙,每日香烛辉煌,求签问卜,拆穿讲一句,全本滑头。半个者,已故"闻人"黄君楚九也,黄君一生,创事业颇多,若大世界,中法药房,九福公司,日夜银行等等,不知为何要加上他"滑头"之名,大概为了他全系白手成家,外头场面虽大,实在全是假他人的钱来撑他的市面,后来日夜银行一倒闭,似乎更来得确实了,不过并非完全骗人,所以只称"半个滑头"。还有一个,就是虹庙对过起课问卦为生的吴鉴光,有人说他是瞎子,实在并非全瞎,大概还有百分之十可以看见,课坛与庙里菩萨一样,全本滑头,因为他生意最好,上当的人最多所以也占了一全个滑头。

"睬侬吴鉴光",原是从"睬侬白眼","睬侬瞎子"化出来的,一个人名字可以挂在上海人嘴边当闲话讲,其名气自然相当的响了。

万事不能答允,但是不能不睬,那么只要睬他吴鉴光了。

"笑骂由他,好官我自为之",这大概他们已经参透吴鉴光的滑头理,所以也"睬侬吴鉴光"。

八八 跑香槟

跑马厅春秋二季大跑马,括进了不知多少想发财人的钞票,因为跑马必需马师在马屁股上拍急,马才跑得快,所以从前称"拍马屁"的,现在改"跑香槟",隐而不露得多了。

"千穿万穿马屁勿穿",说人家好话终受听,有人说我最不会拍马屁,我最不受马屁,不过是自说自话而已。从前有位老师问学生道:"你们到社会上预备怎样做事?"一生答以敬备一百只手拍马屁,师大怒,小子不取正道,专学小人拍马屁?生叹曰,世上谁不吃马屁,如老师之不受马屁者能有几人!师乃徐徐曰,此亦处世之道也。诸生出,生笑曰,我现在只剩九十九只手了。所以吃进马屁,都在不知不觉间,假使明知人家在拍马屁跑香槟,拍者亦无所使其技矣。

马屁不但下对上要拍,上对下亦要拍,下拍上,当然是欲求永保饭碗,上拍下,是求其尽心尽力,为我工作,拍得正当,就是"慰劳",拍得歪路,就是"跑香槟"。

欲求处世得宜,对于此道,亦属要义之一,确应该有相当研究的。

八九 勒煞吊死

照字面，勒煞，是被动的，吊死，是自动的，摆在几位善说鬼话讲鬼故事的人嘴里，勒煞鬼吊死鬼，都是舌头伸出一尺长，七孔流血，头颈里挂着一条带，人都吓得坏的，这种走起路来，直僵僵的。大概上海闲话中的形容"板板六十四"，"死人额角头"用勒煞吊死，源出于此。

勒煞吊死人与狗比倒灶者不同，勒煞吊死人是不肯马虎，狗比倒灶人是过分的苦克。

外方内方，爷亲娘眷不买账，说仔阿大勿买阿二、讲好一百，不可九十九，赛过银行里职员出身，四点另一秒，办公时间已过，你拿这个钱去开火仓，他肚皮不饿，决定要明朝，八点五十九分，办公时间未到，请你再等一分钟，在银行里收付过一次二次的，大概都有这种经验，当然，我经验的不过是十元二十元的事，致于一万十万的户头，是否也如此，我没有经过，也就不知其详，所以我说银行职员勒煞吊死，也许不尽然的。在一般上万的大户头看来，恐怕非但觉得他们没有勒煞吊死，而且还以为是"和蔼"异常，对付户头是非常的"客气"呢。

九〇　郎德山

摄影名家郎静山，据不确消息，他有位仁兄？还不知是仁弟？还不知是"一表三千里"的表弟兄？堂兄弟？反正是郎家门里的人，也就是本报田舍郎的杰作，郎介里德山先生。

为什么有"郎德山百勿关"的闲话，是否有过这么一个姓郎名德山的人有过百勿关的历史？更觉不甚了然起来。

能够百勿关的人，大概也似乎可称得是"福气"人之流了，因为一个人任凭要想百勿关，肚皮饿时，不能不关，身上冷时，不能不关，其所以能够百勿关者，至少条件，令祖令尊，一定赚了不少"百勿关"的钱，才可使这位孝子顺孙成为"郎德山"而百勿关。

不过现在的郎德山已经进步了，囤货可以不管人家生活如何，自己的赚钱与否是管的。没有勇气到内地自己夜夜上舞场，人家的苦口婆心可以不管，争风吃醋时啤酒瓶可以抛到"别人"面上是勇气百倍的。

九一　石子里迫油

照科学家的眼光看来，石子里可以提出油来，煤油，戤士令，不都是的么？不知是否是缺少科学智识的关系？上海滩流行闲话中有"石子里迫油"，示人以无中不能生有。

即使石子里是有丰富的油，可是用"迫"的手段，挖的手段，就是迫了出来，也决不能使石子软化，石子始终是硬的。何况我们的石子，可以使榨石油的机器损坏，不过榨石机器既然榨矣，迫矣，一时下不落台不榨不迫，所以最后的胜利者，是石子不是机器。机器是得不偿失的。

讲到人，人虽非榨石器，也非石子，不过据说"人为万物之灵"，灵的人就灵在会变化，所以可以变成榨石器，可以当别人为石子，生敲活钉，硬迫强榨，明知"石子里迫勿出油"在未迫之前，当然以为榨的是"酥桃子"，既迫之后，至少亦须得一点好处才罢。结果却与诚实完全相反，所谓自讨苦吃。

九二 阿 姨

　　总家阿姨本姓浦,嫁个男人汽车夫,勿知为点啥正经?不到半年命呜呼!阿姨哭得真正苦,和尚道士眼泪堕,有位老板铜钿多,用脱两个勿在乎,此人心肠交关好,看见阿姨实在苦,年纪轻轻守啥寡?拨伊铜钿二百五,一部汽车接得去,阿姨心里非常窝,认为是个好丈夫,不料阎王偏作对,格末真正耶耶乎,老板本来块头大,身体要算头等货,叫啥勿到三个月,烧鸭壳子差不多。有夜刚在兴致好,下头出仔一塌糊,阿姨一急马上喝,跑来仔位大老婆,看见老板勿来事,就拿阿姨头发拖,拳打脚踢勿算数,还要叫个小巡捕,说伊谋杀亲丈夫。阿姨终算人缘好,大家才说马马虎,从此赶出大门外,身上冷来肚皮饿,想想只好跳黄浦,老天到底有眼睛,那旁来了王老大,指头一跷触伊勒,迭只寡佬啥路数?要吃要着跟我走,闲话一句夠噜苏。老大本是山东人,开路先锋差勿多,一个女人身体好,男人亦非纸头做,阿姨老大一相配,真正一对搭拉酥。

九三 天晓得

"大舞台后门对过",弄来了二个文魁斋,大概这冒牌官司打不通,我们中国人的"国粹",最后一着,就是乞怜于天,所以除了二面各挂一只乌龟招牌之外,都以"天晓得"来声明自己的正牌,天到底管不管这个事?晓得不晓得这个事?那才只有"天晓得",凡人不得而知明了。

有许多人为暗示他的不白之冤起见,却说"天晓得",如此说来,天又是值得一研究的了,科学家说天就是空气,有人说来天是确有其事的,譬如有一个"宝贝"之流的死了,大家拍手称快,说是"苍天有眼","天报应",不过凭"天地良心"讲一句,天实在太忙了,男女"狗比倒灶"事,往往自言为冤枉,为"天晓得"娘姨买小菜揩油,东家问问,娘姨也说"天晓得",巡捕老爷说黄包车夫违背章程,挠照会,黄包车夫又说"天晓得"。纵然天比人来得聪敏,会做事,不忙得头晕颠倒,也要弄得耳聋眼花。

所幸的,天从来没有回答过一句话是或否,惟其天不晓得,才形成了这个"天晓得"!

九四 狗比倒灶

　　不知狗比倒灶四字,是否是这样写?据说比字是女子生殖机关,照理,应该学吴稚晖"×宽债紧"一例,来上个萝卜干,写成"狗×倒灶",可是余下三字亦无法确证是狗倒灶,那么只好用译音法而写了"狗比倒灶",确否待考。

　　这四字似乎是代表"芝麻绿豆"的,大凡狗比倒灶事,终是说大不起的小事、或是拟不开卷不拢的隐秘事。例如为了娘姨买小菜揩了一分钱油而要喊"保头"赔偿之类。在西只角混饭吃,夹了公事皮包俨然"公务人员"的,就称之为"狗比倒灶朋友"。提起这类事称为"狗比倒灶话"。

　　四个字分为上下二截,却又变了作用,称一毛不拔的"铁公鸡"、"梁新记牙刷",铜钿银子当性命卵子筋,不肯落一文于虚空地者,大家便一致公认为"狗比"。马路上跑跑吃着流弹,屋里生病死人,经理先生发出通知信"另请高就",于是大家同情其为"倒灶",意即"触霉头"、"勿色头"、"晦气星钻进屁股里"也。套一句小学生作文第一句"人生在世",不能"狗比",也不好"倒灶","狗比倒灶"事,更做不得矣。

九五 梁新记牙刷

真是像"百龄机"的广告:"有意想不到之效力",五卅辣酱油的广告:"妙不可五卅辣酱油"一样,广东梁新记牙刷厂的广告是"一毛不拔"。牙刷不脱毛为上品,人而一毛不拔,可就欠佳了。

悭吝人,守财奴善唱"铁公鸡"的惯家,铁铸鸡是无毛可拔,这批"做人家朋友"是有毛不肯拔。

银行里存款数十万,做起投机事来动动几百万囤起货来几千包几万包,要他化一只角子救济难民可不成,大酒楼里化二百元一桌酒请客不在乎,加上难民捐可就第一个反对。送掉只把钻戒是"黄牛身浪拔根毛",穷小子看来是一笔不小的财产,他却毫无问题,等于买了块大饼油条,所以"一毛不拔"的人是没有的,老和尚打话"一钿勿落虚空地",他的化钱是要"投彼以木瓜,报我以琼玉",化钱给难民,有什么好处?"阴功积德",他以为太"哲学化"了,儿女替他挥霍,好在他会赚,儿女挥霍后做瘪三,他早已"伸了腿","眼不见为净"有名无实的事,似乎太空一点。

九六 | ## 吃㷿饭

旁人看来是"没出息",自己说是"没奈何"。到底如何,二者都有的。

不幸而家毁,逃难出来,身无分文,有亲眷朋友的,靠靠,没有亲友的,入难民收容所,不过吃饭不做事,十足"吃㷿饭",即为"没奈何",也太"没出息"了。

有气力的卖力,有文才的卖文才,真的"文不能摆测字摊,武不能拉黄包车",也得凑个二元三元,做做小生意,吃㷿饭终不是事体,难民收容所之提倡"难民生产",良有以也,否则,无异是白养了许多。吃㷿饭的难民,也不过使他吃吃困困,一旦收容所解散,马路多几个"伸手将军"又有什么好处呢?

"救急救穷","救人救彻",二者似乎矛盾,实在理由一条,急难时救之固所当然,急过后唯有使其能自力生产才是永远之策,救彻之道。有几位常夸自己家中吃㷿饭人盈桌,示其宽洪量大,阴功积德,却不知使有用人养成吃饭的无用废人,反是作孽了。

九七 转弯抹角

城隍庙里九曲桥,走在桥上的人无法可以一直走,必须依桥转弯抹角,朝东走,朝南转弯,再朝北走过一条马路,朝北二步就是,问路而问着了这一个回答,可真要弄得走不开一步路了。

说话也是如此,会说话的人决不"碰鼻头转弯",必先远兜远转,从"八一三"开始起,说到欧洲发生战事,外汇暴缩,金子飞涨,囤货朋友多,二房东黑良心,公司里经理不肯体谅职员,薪水不加,老母生了一场大病,妻子又生一个孩子,而至自己入不敷出因此不得不向老兄商量商量,这样一来,至少费去了半小时时间,可以免得人家说"一进门就借铜钿",而且此情此景,说得人家非凡同情,不好意思不借,老母之是否生病,收付不能两抵,是否是正当家用,抑或西只角去输掉的,人家也似乎不便追问了。就是要同朋友公园里坐坐,也仅可以从春天暖阳阳晨宜踏青,而感叹到上海只有柏油路,不比内地有"天然风景"而归根结蒂到公园莫属,这就是说话的"转弯抹角",亦即是"说话艺术"。

九八 | **绣花枕头**

外面好看,里面一包草,掉一句文绉绉话,就是"锦玉其外,败絮其中",现在不比从前,秀才有秀才服装,中过功名的有什么"巾"之类,虽然现在博士有博士帽……等等,可是阿毛阿狗,卡片上尽可以印什么博士不博士,照相馆里有现成的博士装束,拉黄包车的也可以去戴了方帽子拍一张,身体结实,气概非凡,似乎是十分道地的博士了。

不一定在服装方面讲,穿西装而不能说一句外国文的当然也不能算他是绣花枕头,这是人家的一种爱好,若是穿西装的一定要会说"洋话",那么穿长衫马褂的难道一定要是"国文教师"吗?一种满面大派,看见了衣衫朴素点的觉得站在一起要连他没有面子的人,才是准绣花枕头,即使此人会说"洋话","饱学"之士,枕头里虽非稻草,也不过是绿豆壳之类罢了。

假使照了普通而论绣花枕头,那么上海可说是绣花枕头的最多产地,剃头司务固穿笔挺洋装者也,浴室里擦背穿马裤呢大衣者也,向导社女郎穿海勃龙大衣者也,会乐里小阿囡影戏非第一轮不看者也,多哩多哩,算不得一算。

九九 俚先生

这是男人的专有称呼:"吃俚用俚瞓俚。"是为三俚先生,透彻点讲,拆白党也,犹咸肉之"草绳"舞女之"拖车"。

三俚先生之必具条件,潘、驴、郑、小、闲中,只消有一二两字可矣,第三字,若是有钱,也不会做三俚先生了,小闲则是这批仁兄都有的闲功夫,低声柔气,不必具而已经预备好的。致于潘驴,那是爷娘天生下来的,不可勉强。就是有好的化装品美容术,也不一定能够如何转丑为美的。

所以这批"先生"的目标,只有金钱,最好的对象,当然是姨太太之类,老头子近年来囤货囤得非常得意,姨太太手上又多了二只钻戒,老头子有钱买姨太太来玩姨太太就拿老头子的钱来买小白脸的爱,这批"先生"于是得其所哉,穿的西装,吃的大菜,夜夜有美人相伴,老头子遇着,姨太太说是"奴表哥哥,"就是五十多岁的说老不老的老太婆,只要有钱,照样可以买得"先生,"好在只要可以供给他的吃用,就是七八十岁的曾祖母,又有什么关系呢。

马路上来来去去,神气活现,面孔上像泥水匠刷墙头,涂得又厚又白,头发云亮的滑,除了"钟派"外三俚先生占其大半。

一〇〇 开 心

无锡人有"心上莲花朵朵开",上海人就直称之为"开心",似乎比无锡少一点"诗意"了。

"做人要开心",谁不要开心?谁不想开心?就不过有心开不出,也是无办法的事。有的人以吃吃玩玩为开心,有的人以赚得多钱为开心,掉句文绉绉:"不亦乐乎",譬如打着慈善奖券头彩,不亦乐乎,正患有酒无菜,天上飞下一只烤鸭子来,不亦乐乎。这是关于物质方面的。

"洞房花烛夜,金榜挂名时",不亦乐乎,这是关于精神方面的。

开心有暂时的,永远的,吃吃玩玩,但求眼前快乐,所谓"人生难得几回醉,不饮更何待",过一天是一天,不能快乐时再说。永久的便是使事业成就,一切都有了基础,那时再玩再吃,就不会有"不继"之虞了。

"寻开心",开心之事,本是要人去寻出来的,若暂时的开心,那便不必去寻,俯拾便是,上海独多的吃,看,玩,何必费功夫去寻,所要寻的,就不过要求得一个永久开心之法,才值得努力,值得费功夫,精神,那时候的所得就可使心上莲花,永开而不谢了。

一〇一 握 空

生病人到了差不多的时候,二只手会得不由自主的东抓一把,西捞一把,这个握空,可有点吃伊勿消哉!

苏州女人有句自贬价值的话:"要吃要着嫁老公,勿吃勿着握啥空",语气中的自轻女人为寄生虫,这不在本题范围之内,且按下不关我事。由此可见握空者,包括"多此一举"的意思在内。

有人说得天花乱坠,像煞有介事,牛皮吹得海洋大,和其事者却说:"听伊握空"。是以又可作为吹牛解。

有人化了三五万本钱,囤了一批货,或是开了一开店,三个月下来,货色买了出去,店收了下来,结果仍旧只有三五万本钱捞转,一个子也没有多,他笑笑说:"赛过握空"。是以又可作为"白弄×"解。

抛顶宫的全部气力对准人家头上一抓,恰巧人家弯下腰去结皮鞋带,一把握了个空。这是实授的"握空"。

拼性拼命,捞了不少黑心钱,一粒"莲心",送君归天,妻妾跟人走,儿子挥霍不多日,流为瘪家兄弟辈,棺材放在日晒夜露,无人照顾,这不但是握空,简直"一场空"了。

一〇二 像煞有介事

"像煞有介事,猢狲戴帽子",文绉一点,就是沐猴而冠,猢狲戴了一只帽子,穿了人的衣装,看起来,似乎是像煞一个人了,可惜一只雷公嘴不好看得很,孙行者居然自称齐天大圣,可是无论如何,是一只猢狲精,不过像个人罢人。苏州人讥人家聪敏说是"吃了猢狲屎",人吃了猢狲屎的乖,大不了乖得像一只猢狲而已,所以现在的投机宝贝,请来一定是吃了猢狲屎,也就毋怪人家要说是沐猴而冠了。

一面孔正经,活龙活现,死的说成活的,横"举一个例",竖"举一个例",好像理由十分充足,实在拆穿了一个铜钿糖也不值,惟其"呒介事"说得"有介事",所以叫之为像煞有介事。

举几个例来说吧:为了要侵略,说是你们没有诚意。为了图自己,说是要救人民于水火,为了要吃迷汤,说跑跳舞场是交际。为了爱赌,说是"八圈卫生麻将"。为了要多卖出点货色,说是大减价大牺牲。为了要吃鸦片,说是有胃气痛毛病。这种例是举不胜举。

凭空捏造,乱吹牛比,听他们的话,都是像煞有介事的。

一〇三 牛吃蟹

"牛吃稻柴鸭吃壳",牛是位吃长素的好人,蟹是个横行将军,属于荤腥之类,当然牛是不要吃的,一定硬要使牛吃蟹,此事之弄勿落,意料中事也。

际此百物飞涨,漫无止境,租界当局限止物价尚未发生效力之前,一般除了有特殊进益者外,无不焦头烂额,虽然天天动脑筋,转念头,劳心劳力,以冀全家得免饥饿,可是仍旧入不敷出,仍旧弄勿落,仍旧还是"牛吃蟹"。所幸者,天气渐渐转热,衣服可以少穿几件西北风也改为东南风,不致于再冻得渐渐抖,似乎好过相一点而已。

不过个人的牛吃蟹,在上海是看不出的,跑出来依旧西装笔挺,皮夹里装得像打了气,虽然里边只是些当票,卡片之类,人家的眼睛可不是爱克斯光,决不会有透视之力,于是乎大家都说人家"活得落",而大家却知道自己是牛吃蟹。

自己算是"活得落",而大家都知道他是在"牛吃蟹"的,有二个,一个是"××",一个是"□□",所以在歹土中流行的"什么运动",我们不妨爽快的称之为"牛吃蟹运动"。

一〇四 哽喉咙

红烧塘鲤鱼上市,味道是好的,可惜有骨头,一个不小心骨头就有哽在喉咙头的危险,于是老资格说只要拿一个小饭团囫囵咽下,就可以使鱼骨一起带到胃里,好婆太太,却拿了只鱼碗,放在头顶上,箸子把碗边敲得叮当响。"阿迷阿迷",呼呼猫,鱼骨头便会化成无形,据说有相当效验。

"骨哽在喉,一吐为快",心里有看不入眼的事,或是酒后,茶余,有二三知己,不妨高谈阔论,讲过了,胸口似乎舒畅点,喉咙头似乎活络点。

现在不入眼的"骨头"正多,虽说摇摇笔头的人是最容易"吐骨头"的了,但是咽喉被人叉住,"吐之不出,咽之不下",往唤"奈何"有什么用?所幸者,这根"骨头"终有一吐的时候,不过迟早而已。我们不妨预备好一只大痰盂吐它一吐。

人有喜庆寿事,发来一张大红请帖,"恭请关第光临",胃口好的可以乘机大嚼一顿,可是一点点"菲仪"不能不送,当掉了棉袍子去嚼一顿,等于吞的是"棉絮",于是大家说这是哽喉咙的。

你看现在不管死活"盲吞瞎吃"的有多少,不管吞的是炸弹是铁珠,不知"食而不化",到将来"吐"的时候,可就要"翻肚肠"了。

一〇五 二百五

大概这出典是在昆剧"蝴蝶梦"上来的,庄子灵台前的二个纸头人,一个是"三百三",一个便是"二百五",说人家二百五,意即为纸头人。纸头人有什么用?无非摆在人前做做样而已,既不会动,又不会讲话,假使能动,能讲话,不过是"幕后人"在牵牵罢了,所以纸头人也有大小比二百五好一点,大不了是一个三百三就透了顶哩。

上海称人家木头木脑,呆笨相,洋盘相,带五分寿气,有点猪头三风味者,统谓之二百五。人家赤心相助,好言规劝,结果,他不但不感激,反而结冤,真所"人牵了不跑,鬼牵了就走",二百五之所以只配做二百五,原因就在于此。

纸头人不经用,幕后人非常明白,于是要想法子改成木头人,想法子要大家看重这个木头人,认为是一个真的有血有肉的人,可是木头人,纸头人,谁都一看就知道其不是人,怎能硬认它为人?一经火烧,就成灰烬。"真金不怕火炼",纸头人木头人是炼不起的,所以只值"二百五"了。

一〇六 鸭屎臭

鸭屎固臭,鸡屎也未必会香,为什么不说鸡屎臭? 我也不得而知了。也许,假使流行的是"鸡屎臭",我现在要问为什么不说鸭屎臭了。总之,屎是动物的糟粕排泄物,反正都是臭的。

臭的东西终不会受人欢迎,所以做了鸭屎臭的事,大家也觉得此人之起码,瞧他不起了。

二个小孩子相打,一个哭了,于是全弄堂的小孩子都说:阿狗鸭屎臭。另一个不鸭屎臭似乎显得非常吃价,惟一的原因,因为他没有哭,必非要被打的咬紧牙关,忍痛到底,以拳还拳,予打击者以打击,打得他哭笑不得,拖了他的脚不放,结果,反打他一个大败,于是全弄堂的小孩都拍手,一洗鸭屎臭之耻。

"骑虎日记"为惧内专家苏广成精心杰作,香艳细腻入木三分,单行本即将问世,定价每册一元二角,预约每册八角,为优待读者凡定阅本报半年者慨赠一册,额满即行停止,欲定从速幸勿失交臂。

一〇七 褪毛猢狲

人老了褪头发,落牙齿,猢狲到老了,就渐渐的把身上毛褪下,成了像癞痢头的头发,东一方,西一块,威风全无,于是畜养猢狲的主子,认为它过了时,失了势,当然不会再加重视,有良心一点的,剩下来的东西,给它有一顿没一餐的吃吃,"以保残年"。狠心一点的,就剥剥它皮,吃了它肉,何况猢狲脑子也算上等酒席中的一味。

不一定要等它褪毛,只要这只猢狲已经不能翻什么新花样,不能再吸引观众"化钞化钞",玩猴子戏的都是十三挡算盘打透的人,他能白化了钱养一只没用的猢狲吗?于是另买一只来代替做主角。"鸟尽弓藏""兔死狗烹",不褪毛的猢狲也因"无用"而宰了。

"喜新厌旧",人之常情,"新箍马桶三日香",起初是"金毛狮子",爱之惟恐不足。到后来是"褪毛猢狲",弃之惟恐不及,何况爱者,爱其能受我利用耳,到后来虽然你已经"鞠躬尽瘁",他却非常要你"死而后已"不可。

一〇八 | **十四挡算盘**

据研究会计学者说：个，十，百，千，……□□为止，一共是十三位。所以算盘之最多者只有十三挡，能用十四挡算盘，当然是非有杰出的"会计"天才不可。

红木算盘的反面，一张红条子写着"日进千金"，自然打算盘的人是只打进不打出了，可是谁给他打进呢？自然要打在众人头上，众又岂肯白白的给他打进？加以各人大多有一挡"日进千金"的算盘，以十三档打十三挡，谁能决可"稳照牌头"？于是乎"精"的人便能打十四挡算盘，以求必胜。

门槛精过了头，处处只要便宜而不肯吃亏的，人家都说："某人的算盘多少精！你想要他出账吗？他是打十四挡算盘的"。自知"才"不及者，则退避三舍，让会打十四挡的人与他搅搅。

一〇九 黄河阵

封神榜上有书为证,三位女仙人摆下了"黄河阵",弄得元始天尊门下的十二位大弟子,什么广成子赤精子……,还有现在奉为观音菩萨的慈航道人弥陀佛瞿留孙,一个个都被困在黄河阵内。削去顶上一花,变成凡夫俗子。著者的本意,也许就是说"女人迷人功夫一等"而已,可是摆在现下的上海人嘴里,不论男女雌雄,凡是用噱头的设骗局者,都谓之"黄河阵",老门槛遇着了要翻他门槛的人,就先发制人:"摆啥格黄河阵"!

世界上凡是人做的事情,无论大小,本来不过是各摆其噱头,各设其骗局,各布其黄河阵,骗来骗去,道行深的玩弄道行浅的。大的欺小的,强的吃弱的,虽然有时是用硬上弓的手段,不过仍旧离不了骗,就是在一拳打到人家腰眼里,他也说是拍蚊子,说明了给你吃的是砒霜,还推说是药死你肚子里的虫。

譬如"木偶奇遇记"里的骗小孩坏人说:"有一个快乐岛。"但是结果,小孩子进了快乐岛的,都变成一匹匹骡子。这也是"黄河阵"骗人上当之一例。

一一〇 打呵吹割舌头

"只有千年做贼,没有千年防贼",只要打呵吹割舌头,就是形容这个意思,在你口一张的时候,他便把你的舌头割了去!

七国时张仪被打得遍体鳞伤,嘴巴里的舌头没有受一点伤,因为舌头生在唇齿之内,闭紧了嘴,便无隙可乘了。可是打呵吹就非要把嘴张大,舌头失了外卫,危险性就大了。所以割舌头贼的手脚之快,无以复加。

君子处世,如履薄冰,诚惶诚恐,战战兢兢的走着,讲一句俗话,君子处世,不打呵吹。如履薄冰者,防失足也,不打呵吹者,防割舌头也,语虽不同,其义则一,一失足成千古恨,割掉了舌头,也难再生。失足是自己不小心,割舌头是别人割去的,所以若能小心打呵吹,割舌贼也无所使其技。

本来,人与人之间,谁也不是贼,谁也都是贼,贼性是与生俱来的,自己终是想别人的到自己袋里,若不是别人处想法子弄到自己袋里的东西,除非是无用的物事,你也决不会要了,不过官冕与不官冕而已。

王三和人

庙前王三和酒店里,有一块匾额曰:"不醉毋归",吃饱了酒的,人家称之"酒痴糊涂",所以"王三和"出来的"人",终有点醉醺醺糊里糊涂,吃醉了酒的人的所作所为,当然与清醒时不同,所以上海人"王三和人"一句话,也有几种解释。一是"勿要王三和人"意即不要搅七捻三,醉人欢喜搅。一是"听伊王三和人",意即不要听他瞎话三千,滥胡调,也即是吃豆腐也。

一一二　把　脉

　　说起来,这又是郎中先生的事,三个指头分出寸关尺,诊断得出外感内伤,吃五谷的人终免不了生病,生病就免不掉要请医生,无论请的中医西医,都要伸出手来把脉,据说一把脉就可以知道疾病的根由,赛过上海人"拔苗头。"

　　儿手必先轧准你袋里有钞票才下手,轧的工作,就叫把脉,或是先在你袍子外对皮夹轻轻一捻,就可以知道你皮夹子里放有多少花花纸,到底如何把脉,如何诊断? 老夫不是三只手出身,恕我不能奉告。这是小焉者。

　　中焉者讲,囤了一千石白米,市价每石五十元,先卖脱一百石,果然一会就卖完了,便可见要买的人很多,于是涨价成五十二,仍旧有人买,于是乎飞涨成六十七十。初卖的一百石,也又说是"把脉"。

　　大焉者讲,德国军队先在马奇诺防线上,东派个一二百人冲冲,西派个一二百人冲冲,军事学家说是"试探弱点。"探出了弱点便全力贯注的进攻。在上海闲话中,就可称之为"把脉"。

尉迟梦/文　陈青如/图

新语林

全文刊发连载于《晶报》(民国廿八年十二月一日至民国廿九年三月廿九日),共95期,计127篇上海话俗语文章。

"新语林"从一定程度上就是"新语言",这在《新语林》的"引言"中可见一斑,"引言"全文如下:

上海人讲闲话,都欢喜当中夹上一二句切口,以为时髦,由于切口的演变,于是就产生了许多新语言,其中有切口,也有缩脚韵,亦有土白、成语、洋泾浜话,五颜六色,种类之多,非在上海经过长时期的人,不能明白它的用处,人家同你说话,夹上一句紧要关头的话,你更加莫名其妙,这就叫门槛里面的话,这一种话,近年来出产非常多,即老上海也要弄不明白了。在下空闲无事,吃了饭东荡荡,西跑跑,耳边听到的,马上记下来,现在记了可有二三百条,都是最新的,过去老的,陈旧的一律不要,每天在这里发表,如果有误,还请读者指教。

一 上海啤酒

上海啤酒是一种酒,人人知道,洋酒店家皆有出售,但是有人来把它代名词骂人家厚皮猪猡,二人相骂,一个却火冒八丈高,一个嬉皮塌脸的,尽管受你骂,不以为意的,不放浪心上,这个火冒的人,当然无可奈何,结果煞末来一句:"你真是个上海啤酒,"可怜这个被骂的人,还不明白这句上海啤酒的解说,后来一打听,才知道是骂他厚皮猪猡,原来上海啤酒,另一英文名字叫 UB,这二字的音,变做厚皮,一般人单骂人厚皮,未免没有艺术化,于是就借用上海啤酒来骂人,当然又是成为一句门槛内的新鲜话了。

二 阳春面加念　八月之花

◆阳春面加念

我们跑到馆子上去吃面,最便宜的,又要吃得饱,莫如六分钱一碗的阳春面,阳春面就是光面的美名,面上一点浇头也没有,单清括括的酱油汤里为放一堆面,连咸菜都没有,因为有了咸菜就成为咸菜面,便不止六分钱了,可是一般做人家的来吃阳春面,都吃不饱,当喊下去的时候,必定喊阳春面加念,都是做人家吃的,这里用这句话来代名词,就是叫还是节省点吧,譬如,你这句话可以不必说的,也可以说:"好了好了,省省吧,阳春面加念吧,"譬如你要做这件事,做得不当的,大可以省得的,也可以说:"请你省省吧,阳春面加念吧。"这引申出来,就是叫人家不必多此一举。

◆八月之花

八月里的花,当然桂花最当令,舞场里面常有这句话,初以为八月之花,是一朵又香又美丽的花名,代表一个红舞女的,那里知道完全相反,八月之花,就是讽刺一个顶顶蹩脚的阿桂姐舞女,舞又不好,面孔又不好,迷汤又不好,生意又不好,这当然是个桂花舞女了,可是我们指明她桂花舞女,也许透伤人家的心,然而没有一句适当的话来代表,不知那一个捉挟鬼,想出一句八月之花来骂她们,可是舞女听了这句话,不求其解,还颇以为得意,因为中间有一"花"字。

三 糟兄　梁新记

◆糟兄

人间只有糟鱼糟肉糟鸡糟蛋,不料时至今日,居然添了一糟,即糟兄是也,称兄道弟,原是客气,而兄上冠以糟字,就勿大高明,鱼肉经过糟后,便觉酥而可口,风味别具。糟兄之名,含义亦相去不远,蓋讥讽其人带三瘟气,为"好吃果子"。不当用的钱而用,不必做的事而做,便属道地的糟兄,又人称糟兄为早兄,便译为洋泾浜曰:"毛翎白拉柴",未悉何取其义? 或者中国人天生脾气,对于任何宴会,不肯准时出席,若牢守时刻或提早到场,别被目为瘟生,赐为"早兄"雅号,亦未可知。一般人好像都看不起糟兄(或者早兄),鄙人则觉社会上精灵取巧的人太多,糟兄太少,纵有,也不过在白相场中看见几个而已。

◆梁新记

甲友近来景况尴尬,拟向乙友通商款子,丙友说:"休开口吧,他是梁新记"。此话非常玄妙,什么叫梁新记? 指乙友为梁新记是上海一爿牙刷店的招牌,老板广东人,生意噱头颇好,其所出品牙刷以"一毛不拔"四字号召顾客,夸其出品精良也。因之一般人以梁新记头衔赐予各啬朋友,言其一钱不肯轻易与人。社会上有许多该十万百万的富翁,情愿将财产留给子孙败光,你若向他捐寒衣给难民,或者捐款赈灾,他会摇头装穷,或者推说"早已捐过",这种人便是梁新记,然而梁新记只怕"抹桌布"。(明日交待)

四 抹桌布

　　昨天说一毛不拔的朋友只怕抹桌布,抹桌布的用度人人皆知,毋庸交待,吃过饭,桌面上油水淋漓,用抹桌布抹干净,然后方可做其他工作,或者打麻将,由此可知抹桌布是专门揩油水的,家里雇佣的娘姨买小菜要揩油,机关里的庶务先生也要揩油,甚至于大如经理有时良心一横,未尝不要揩老板家的油。上有好心之者下必甚焉,揩油勾当几成为社会上半公开的现象。资本家财主们,总不能独木支大厦,手下必须用几位账席,管理财产资金,他们收进五元报四元,付出八元报十元,甚至八分一角的油水也不肯轻易牺牲,手法高明,任凭大本领的会计师亦查不出,财主明知其隐,然亦无可如何,张一眼闭一眼,任其揩抹,自己在别地方刮进一点就算,所以我说一毛不拔的"梁新记"只怕抹桌布,好在他抹我的油水我抹他的油水,他再去抹别人的油水一马吃一马,分别只油水的多少而已。抹桌布要算酒菜馆里的油水抹得最饱了,任凭山珍异味,鱼吃海参,鸡鸭虾肉,……一切油水它都有份,抹去一桌又一桌,苦的是小户人家的抹桌布,鱼肉荤腥价贵,豆油眼前也涨到七角多一斤,所以桌面上的油水少得可怜,几无油水可抹,所以他们的抹桌布要比大户富室的来得清洁。

五 面包 摆测字摊

◆ 面包

除掉北方人,中国同胞于米为主要食量,碰着朋友,除谈"今天天气"外,还要互问"饭吃过否?"这是客套,也是关心大家的吃饭问题,只工作而不吃饭,自然不行,只吃饭而不工作,则变为饭桶矣,故讥讽无用之人为饭桶,"这些事都干不了,真是大饭桶!"这种话常会流入我们耳朵中,受之者当然也万分难堪,自欧风东渐,中国同胞也善于吃西餐,西餐是只吃面包不吃饭的。因之讥讽人的话语,有更变的必要,向之骂人饭桶者,今已通用"面包"焉。"喂,你这家伙如此无用,真是大面包",意思就是骂他只会吃不会做,现在各式崇尚时髦,提倡欧化。所以骂人切口亦随时而变迁,饭桶与面包,是一个例子。

◆ 摆测字摊

阿大爷出门一月,音讯毫无,不知是凶是吉?阿大娘放不下心,便去测字摊上测个字,触触灵机,俾得眉目。那测字先生居然长袍短褂,正襟危坐,见主顾上来,于是信口开河,说到那里算那里,主顾去了,又镶拢袖管,像神主牌位似的端繁坐街沿上喝西北风,面前摆一把紫砂茶壶,一只香烟公司的赠品玻璃杯,一落大派,可是在纸醉金迷的跳舞场里,也有不少摆测字摊者,面前清茶一杯,嘴里香烟一只,镶拢袖管,正襟危坐。有"汤团""八月之花"们过来,乐得搭搭讪头,天南地北的信口开河,这副神气不活像是马路上的测字先生吗?他们进舞场是奉旨不跳舞的,茶舞奉送香茗,茶杯也不必自备,还要评头品足,这又叫测字先生带看相。"哈啰,老兄上那里去?""大新去摆测字摊",这是天之骄子。

六 黄鱼头 照沙蟹

◆黄鱼头

时交冬令,上海人爱吃大鱼头,本地饭馆烧得最入味,价亦奇贵,一只大鱼头卖到三四块钱,好在吃客只求口福,不在乎钱,鱼头以鲢鱼之头为上品,谚云:"青鱼尾巴白鱼头",鲢鱼即是白鱼,青鱼之头则次之,黄鱼头无人问津,以其徒具空壳子耳,可是这里要说的黄鱼头,却人人欢喜,盖社会人士,每以黄鱼头代表"五元"钞票,见一张五元钞票,谁不眼目清亮。"老兄,今天你挨到多少血?""一张黄鱼头!"意思就是捞到五只洋。以前单头钞票多,银行里只欢迎黄鱼头,单头钞票存进去,要在褶子上注一笔。现在市面上单头钞票缺货,大家又不欢喜黄鱼头了。其实黄鱼头依旧是可贵的,因为在马路上还有拾得。

◆照沙蟹

只有阳澄湖大闸蟹,宁波咸蟹与梭子蟹等等,没有沙蟹的,沙蟹原是一种洋牌赌博的名称,并不可供人侑酒,"照沙蟹"是"吃瘪"的意思,照侬沙蟹,即吃瘪你也,老K碰只S,当然吃瘪矣。又譬如你袋里有一张黄鱼头,被一辈朋友知道,坚要你请客,七八位仁兄坐坐一桌,汤卷拆燉……乱喊,存心照你沙蟹,就是硬要把你五只洋吃完算数,账来四元八角九分,一角一分算小账,钱袋里果然瘪的,照沙蟹了,所以沙蟹可用以代表"精光大吉",照沙蟹是没底的,一角两角可照一千一万可照,小开私取了老头子的银行存褶跑赌场,起初略获小惠,结果打小开小打小开大,几千块钱很容易的被人照沙蟹照去了。这势头黑吃黑,谁都想照谁的沙蟹哩。

七 电话听筒　排骨四喜

◆ **电话听筒**

上海一辈聪敏朋友,不会发明火箭,也不会发明无线电影,只会发明新鲜话语,如"电话听筒",值得佩服,电话听筒是代表什么的?假使你在外面跑跑,总不至于木然无知。电话听筒就是十三点的另一别名。十三点本是寿头寿脑之称。譬如在舞场里,有一种阿桂姐生意清淡,无端照你搭讪,啰哩啰嗦缠勿清,好像一见如故的样子,若你真当她好户头,同她吃豆腐吧,却又会面孔一绷,像煞有价事,这种人天生一副怪脾气,捉摸不定,甚至喜怒哭笑无常。辨识标准的电话听筒,论出典,是有的,因为在电话听筒上有圆孔,不多不少,凑巧是十三之数,圆孔点也,故可用以代表十三点。还有一种舶来品香水,牌子为"四七一一",这四个数字加起来,凑巧是十三,是以"四七一一"亦代表十三点,至于骨牌的"幺五幺六",虽恰到好处,不过已经落伍,不新鲜,不为时人所习用的了。

◆ **排骨四喜**

在"鸡粥时代"之前,排骨四喜菜饭着实在上海出过风头,东新桥大世界一带,尤为排骨四喜的荟萃之地,红绿电灯,吸引吃客。无论排骨四喜,都是猪身上的肉,四喜是肥肉,排骨为纯瘦之肉,不知那位缺德朋友把猪肉的名词去形容人体,尤其是形容女人,生得胖的,屁股大的,随称为四喜,"喂,老大,这块四喜吃得消吗?"这对朋友是打趣,对女人是一种侮辱。又如在马路上看见一个窈窕女子,便油嘴滑舌的在背后说:"身段倒无啥,可惜是块焦盐排骨。"总之,排骨四喜,就是文言的"燕瘦环肥"。

八　龙头与拖车　吃汤团

◆龙头与拖车

一辆火车"呜嘟嘟"的朝前拼命奔跑，全赖一个火车龙头的力道，没有龙头的力，后面一大联串一节节的拖车都要睡在轨道上不会动了。有人喻舞女同一个舞客发生了肉体上的关系，称该舞女为龙头，称该舞客为拖车，竟然名正言顺的："喂，老兄你的龙头来哉。"对女的说："喂，王玲玲，你的拖车等你长远哉。"可是这二个家伙都笑嘻嘻的默认，以为脸上颇有光彩。实际龙头和拖车确有十二分相像之处，因为拖车的行动，必定跟紧龙头，防备龙头再又拖上一节车，有时拖车也要出轨，这便是二个人相骂吵分场了。

◆吃汤团

糯米汤团，又圆又大，中间一包肉，甜的分芝麻，豆沙，百果，味极鲜美，要算本地点心店最拿手，湖北人开的次之，这里说的是舞场里的桂花舞女，没有客人同她跳，称为吃汤圆舞女，这不是向壁虚称的名词，原来有出典的，因为规模小一点的舞场，在那场子角落里老高坐了一个划票的人，这个人专司记舞女票数的，防备舞客揩油舞票，直到打烊，这个舞女名字底下一票都没有，便打上一个圆圈，请她吃一个鸭蛋，汤团辩识鸭蛋的变迁，可是吃汤团未必全是舞女，学生没有分数，球员战场失风，都要一尝汤团滋味。

九 黄牛 电疗

◆黄牛

种田非牛不可,牛有黄牛,水牛,荷兰牛,花旗牛,丹麦牛等名目,种类邪邪气气之多,可是随便那哼好种的牛,都是一律只是背脊没有肩胛的,因为它没有肩胛,我们就借用它这一点意思来比喻一个人做事不负责任,说的话都不能作准,也没有肩胛,不能把它放在台面上来讲,这一种人就称为黄牛。譬如我托你一件事:"喂,老兄,你千万要替我办到,不要背后做黄牛。"就是托你的事,不要分了手,就忘记得干干净净,一点肩胛也没有了。那末下次再同你会面,开口第一句便是:"操那,不写意,背后做黄牛!"

◆电疗

电气万能,不但供我人日常一切应用,近代更采用电气来治病,称之为电疗,可是近来新发明闲话的人怪多,他们都吃饱了是五十块钱一担米的饭,空着无事,专门造出了一批新花样经来。前天我在舞场里摆测字摊,听汤团舞女在麦克风前唱哭七七,忽然背后一个舞客大喝:"电疗!电疗!"当时我莫名其妙,经我回来研究一番,才恍然明了,原来"电疗"二字的意思,就是肉麻,这汤团舞女唱得太肉麻了,至于电气疗病,是否肉会麻呢,我没有尝试过,恕我不敢说。

初一量米廿八吃　维他命 M

◆ **初一量米廿八吃**

上海米价，这一抢来日涨夜大，一般穷人不用说得，已苦不堪言，就是中等阶级一个店职员，月入四五十元，请教如何负担一个小家庭生活？米今天的市价已涨到四十六元大关，如此下去五六十元一担米就在目前了。初一量米廿八吃，就是一般尴尬人寅吃卯粮同一意义，任你如何做人家，总要吃脱空，这个月内日子没有过完，连下个月的进益预先支来吃完了，等到下个月，再又把下个月支来吃完，这样下去。永远没有抬头日子，初一量来的米上个月廿八已经吃完，可想而知，所以下面还有一句，叫做"前吃后空"，这是说一般人生活艰难，日子难过哩。

◆ **维他命 M**

一条鱼没有水，就要挠辫子，人没有血，没有维他命营养，也就马上挠辫子，可是人有血有维他命总不会挠辫子，然而日常生活中最宝贵者，就是金钱，可说人没有金钱也等于没有血，没有维他命，所以一般人称钱叫做血，"喂老兄，你身边有血吗？挨二个出来。"这就是说你身边有了钱，就应该借二个来，或者敲二个来，大家开开心，然而现在的人毕竟又进一步了，称钱不叫血改叫"维他命 M"了，初听颇费解，后一想，原来是取英文 MONEY 里面第一字，这一来又比血不血更雅得多了。

徐少甫门人　潮州门槛

◆徐少甫门人

海派大的人终究气派是大的,叫他小一点,他小不来,也不会小,因为出手惯了,反一转,气派小的,你叫他大一点,他弄弄又要变做小了,这也是一个人脾气的天性,勉强不来的,所以三岁定终身时候,便可以看出这孩子将来气派的大小。气派小果然不漂亮,永远钻在痧药瓶里做市面,一世不会发展。气派大,烂嫖烂赌,弄得倾家荡产,则不如气派小之能自守。这里有喻气派小的叫徐少甫门人,徐为小儿科名医,他的门人,当然也是小儿科,一个中国郎中专看小儿科的,其气派必小,因为天天钻在小鬼头里面做市面,气派之小,可想而知。

◆潮州门槛

门槛之精,莫过于潮州人,所以潮州人到上海,第一便是筹了点钱,要紧开押头店,押头店之剥削贫民,实头厉害的,押五块钱以内的,按一个月要作你三个月计算利息,成为十天一期,一个月作三期,每期譬如二分一个月利子就算上你六分,外加存箱,印花税,合下来要七八分光景,押进去只六个月就满。他们实在门槛之精,处处从小的上面打算,雇进来的伙计,除了做店里事外,还要替老板娘烧饭,倒马桶,替小囡洗尿布,种种琐碎统要件件做到,所以吃到潮扬人的饭,苦不堪言,怨声载道,有人拿这句潮州门槛的话来喻精刮麻子,最是切合不过的。

一二 六路圆路　象牙肥皂

◆六路圆路

上海有条有轨电车,叫做六路圆路,他是没有起站,也没有终站,尽管朝前开,尽管兜得转,随你那享兜来兜去,都有乘客上落,他的路形是圆的所以也称为六路圆路。"八一三"之后,这条路忽然兜不转了,只能走到一半被铁丝网挡了驾,可是人家还是叫他六路圆路,有人喻一个人在社会上办事,手面,势力,金钱都有相当地位的,尊他一声六路圆路,以其任何困难的事,都须他一言便解了围,大事化为小事,小事化为无事也。所以人家看你吹牛吹得老大,当然有了事都兜得转了,也捧你一声:"哈,老兄近来直头六路圆路哉!"

◆象牙肥皂

有一个漂亮的朋友,行头穿得邪气考究,一张嘴巴牛皮来得大,可是他自己也许阔天阔地,常常跳跳舞,吃吃大菜,叉叉百把块底小麻将,进出汽车,这一付吞头,人家一定要当他是个大阔老,如果靠了他,至少可以占着便宜,揩点油水,那里知道完全不然,简直你想他一点好处,真要二钿去换他一钿,万万不给你揩一丝便宜,可说称他象牙肥皂,因为象牙的颜色类同肥皂,摸摸光滑,而却永远揩不出它一点皂水。像这种象牙肥皂的人,现在非常之多,自己头上用钱阔气得来,朋友头上却永远占不到他一丝便宜。

一三 吃豆腐　席梦思

◆吃豆腐

上海人顶欢喜吃豆腐,搭来搭去想吃人家豆腐,男人吃女人豆腐,女人也欢喜吃男人豆腐,其实吃豆腐是顶乏味的,最呒没滋味的,不是上海人嗜此之甚,莫名其妙。有许多人听见人家说:"老兄,你豆腐吃到我头上来了。"这里豆腐二字的解释是:意想不到你也会来讨我便宜呢。那末吃豆腐的本意,综合调笑,讨便宜,打绷,寻人家开心,可是人家屋里死了人,有一顿素食,谓之吃豆腐,原是吃死人豆腐,顶顶无味的,引伸出来这一句还是骂人的话,骂你家里死了人呢。

◆席梦思

跳舞场里有一句很流行的话,叫做:"二人去跳席梦思",查席梦思是一种弹簧床的名字,大凡舞客同舞女热络得打不开时候,便有跳好勃罗斯,华尔斯,而后双双一对去跳席梦思的,为什么不说跳弹簧床,铜床桃木床而说跳席梦思,因为这是接紧勃罗斯,华尔斯,复克斯下面的一句成语。假使舞客同舞女打开天窗说亮话,我同你开栈房去,未免难听,便用这句话来。代替一下,好得席梦思这名词,现在已经大家都知道了,尤其舞女们印象最深,连小毛头的舞女都知道了。

一四 拖黄包车 邓禄普

◆**拖黄包车**

近年来舞场中独多新发明新鲜闲话,如本刊已经发表过的跳席梦思,龙头,拖车,吃汤团,摆测字摊等等,明目之多,不下三四十种,现在说的是拖黄包车,不明白的人以为真的跑到舞场里去拖黄包车,根本舞场里无车可拖,也决不会神气活现特为拖车而去的,足见这原是一句什么代名词了。原来这句出典,是指说一个身体最笨重舞艺最蹩脚的舞女而说的,就是当她像一部黄包车那样重,你同她跳舞,等于你手中拉的一部车子,邪气重,邪气吃力,一只舞跳下来,急汗一场,面孔出油,胜于吃阿司匹灵,这种舞女坐定吃汤团无疑,可是她的照会也许漂亮,迷汤功夫好,客人同她舞,目的不在舞而在七搭八搭,所以黄包车的舞女,生意未必是推班,照样神气活现,像一个红星一样。

◆**邓禄普**

从前人家骂人面皮厚,叫文旦壳子,这句话已够讽刺,还有:"你的面皮厚得连仔钻也钻不进""厚得连洋枪也打不进"这可说都太没有骂人艺术,不入调,不上传,近来有人骂上海啤酒,很有艺术,最近又有骂邓禄普的,比上海啤酒更佳妙。邓禄普是一家洋商橡皮汽车胎公司的商标名字,他的橡皮车胎的广告,说明经过任何重量的压,摩擦和从几千尺高度的下降,震动,直可说百跌不坏,丝毫不会受伤,这是夸誉它橡皮车胎的坚固牢实,所以"邓禄普"三字,便名震遐迩,任何人都知之矣。于是便有人拿来比喻厚脸的人,这真是最确切不移的美喻,将来可以入史,永传千古的了。

一五　搭壳子　雌鸡啼

◆搭壳子

上海一票吃闲话白相朋友,直头花样经百出,随便什么事,什么话,一经过他们的嘴巴,便渲染得另有一只弓,完全改变了原来样子,譬如:明明是个女人,他们不叫女人,叫做壳子。明明是个男人,不叫男人,叫做赤老,出去弄女人,叫做搭壳子,"小李,你近来阿搭有几只壳子?"意思就是你近来玩过几个女人。大凡称为搭壳子,都是从交际场中或者马路上随路搭来的女人,所以好搭壳子,只须你到马路上去物色,尽有各色各样的壳子,只须您有眼光去搭,无不得心应手,从前弄女人叫轧姘头,轧姘头这名词已经落伍,近来有了这搭壳子,便又以为蛮得意了,可是搭壳子不是人人会搭,门槛勿精,往往要搭出一包气来,一包血,这都是只怪自己眼光不够,操之过急关系。

◆雌鸡啼

只听过雄鸡啼,没有听见雌鸡会啼,不为人家所注意,想其啼声微而细,不若雄鸡啼声宏也,便有人喻未及破瓜之年的女子歌唱,称为雌鸡啼,因为她的歌唱声音又细又低,简直像蚊子叫。近年来舞场中独多毛头舞女,小小的一个,拥在怀里只可当她过房女,这一批过房女的舞娘,生意十分凄凉,冷清清的坐在位子上,左顾右盼,真是无限苦闷,无可奈何,听见音乐奏到一只中国歌曲时候,便连忙跑到麦克风前唱脱一只,也是消消胸中之气,可是这批毛头舞女,身体既未发育,发音又不是健全,她们唱的简直像雌鸡啼呢。

一六 条里麻子　横伊出去

◆**条里麻子**

一个人生了天花,面孔上跑出一粒粒水疱,因为奇痒难当,手一抓,水疱破碎,便永远留下一个缺点在面孔上,这就叫麻子,天花发得厉害,来得凶,抓开的麻子也来得深而壮,粒粒粗大,不论男女,一有了这缺憾,便终身洗刷不去,现在美容术发达,而只能改造单眼皮变双眼皮,塌鼻梁变高鼻梁,却不能够将麻子改为粒粒平匀,变一个白面书生,这也是天生捉难人家,无法可想的事。然而麻子只有一粒一粒,没有一条一条的,这里我说的条里麻子,原来是上海弄堂里雇用的看弄堂巡捕,叫条里麻子,条里是一条一条弄堂里解释,麻子称巡捕,大约做巡捕的人,脸上有麻子的多,这也是一桩奇事,查当初考巡捕的,多数是江北人,山东人,南京人次数,本地人不收,因为江北人生天花的怪多,一百人至少二三十人有麻子,所以条里麻子的出典,也许在这一点上。

◆**横伊出去**

那边马路上有许多流氓拥做一淘大相其打,呼幺喝六,神气活现,打得且其结棍,旁边拖的人,劝的人都没有,他们照样一拳来一脚去,打得起劲,其中一个劝的人,看得实在不服气,便一跳起来叫道:"操那娘,横伊出去,"这横伊出去,并不是指说这二个相打的人,而是指其中一个被打的人,因为被打的人,道理当然欠缺,然后被打,可是他偏生不服气,还扭牢不肯放,于是旁观者不服气,便助威:"横伊出去,横伊出去";原来这四个字顾名思义,就是把他身体放平,就是打倒地上,"横"也是"平",横伊出去,就是把他放在地上量量地皮。

一七 掼纱帽　飞洋伞

◆**掼纱帽**

一个人上手了一桩事,做得十分不乐意不投机,可是又不能放手,只得咬了头皮做下去,这个时候如果有人同他打绷,说说俏皮话,那末非逼得他不得不放手了,这叫做掼纱帽。然而为什么不说掼呢帽,掼瓜皮帽而说掼纱帽呢,因为这里有个故事。从前县官头上戴的帽子是纱做的,称做纱帽,所谓清官不掼纱帽,这是表示这个官做得清白廉洁,他的帽子永远戴在头上不下除,反之便是贪官污吏,常常得不到民众的爱护,便要使他抔掉纱帽走路了,引证出来就是失脸的光火,掉脸的发怒。

◆**飞洋伞**

几个朋友在交际场中谈笑着,忽然来了一个妙龄女郎,于是几个男朋友都一起站起来介绍道:"这位蜜丝是韩先生的飞洋伞。"这句话来得十分奇突,懂的人果然明白,不懂的人简直丈二和尚摸不着头脑,洋伞如何会飞,除非发狂风,会把洋伞飞到空中去,否则洋伞根本是不会飞的,还有人误会到就是撑洋伞,这个女朋友来了,大家发起性子,来撑一下洋伞,这未免想入非非了。原来这飞洋伞是指这个来的女郎是韩先生的未婚妻,飞洋伞是英文 FIANCEE 谐音,这是中国的洋泾浜闲话,一经拆穿,不值一笑。

一八 | **剥猪猡**

　　天气一冷,到了年三夜四辰光。剥猪猡的巴戏又多起来了,剥猪猡就是伺你到了冷僻之处,或者黑暗的弄堂里,用强硬手段,摸出手枪,禁止你做声,而后剥去你身上衣服,这一种拦劫最是便当不过的,而且被劫者既无防备,又无还架能力,只得情情愿愿,解下衣服,双手献给他,看他慢慢老远去了,你想气愤不气愤。然而也只好自认悔气,衣服剥去也算了,可是身上受一顿冷抖着回来,却吃不消,弄得不好还冻出一场病来,这更是倒霉的事。我听见过一个操剥猪猡的人说,他做这行当,已经有六年历史,从来不会失过风,身上也没有一件真家伙(手枪),我便问他,如何会劫得动人家东西。他笑道,说出来不值分文,原来只须化一分钱买一只烂香蕉,黑头里握在手中,对了你,人家不当手枪也只好当手枪,因为辨不出真假,只好脱下身上衣服了。你想凭一只烂香蕉,可以操到六年一闪的拦劫生活,足见被劫者当时的恐惧万状,也管不来是真是假的了。他既剥你衣服,还骂你一声猪猡,这是什么道理?为什么不骂你一声牛,羊,马,而偏生制定猪猡,原来这也有话说,因为众生之中要算猪猡最肥,最有血,最有肉头,人以喻猪"无非说你身上肥而多血多肉也",这就是指你猪猡的原因,所以不但强盗欢迎猪猡,连一般普通人也欢喜同猪猡做伴,以其多血,多血即多金,可以换点油水耳。

一九　剥田鸡　抛顶宫

◆剥田鸡

昨日写剥猪猡，今日再来写剥田鸡，猪猡是不会抵抗动物，人家捉到牠凳上，也只好情情愿愿被一扛上去，顶多是"咕……咕……"叫二声，便夹喉咙花刺进一刀，完了。那里知道杀猪猡还要二人扛头扛脚，剥猪猡还要一支假手枪，独有剥田鸡最是轻而易举的事，不费吹灰之力，原来剥田鸡也是一种拦劫，而不过是专门指剥小孩子的衣服，称为剥田鸡。田鸡与小孩更无丝毫抵抗能力的，尽量由你剥，连烂香蕉都用不到一只，操此者大都女骗子较多，将小孩骗了出来，半路上才动手，或者游戏场里小孩子走散了，将他剥脱，旁边有人，亦不疑她为剥田鸡耳。

◆抛顶宫

上海的弄儿手，本领最大，他能够一部电车里或者码头上连扒几个客人袋里的皮夹子，而不需要伸一只手到你袋里去摸，到袋里摸，本领还算小的，他们有一片绝薄绝薄的刀片，可以将你身上袍子一层一层用刀片刮进去，而后刮到放皮夹子袋里，下面一有缝，皮夹子自然而然掉下来，他便伸一只手下面一接而得，你想便利吗；这是弄功夫巧妙，出人意料之外的。现在我说抛顶宫，也是一种巧妙写意的千手职业，比弄手夹子更便当，不需要刮破袍子。北边人称帽子叫顶宫，"抛"即"抢"的意义，人家头上一顶帽子，弄手一抢而去，上海人称谓抛顶宫，大都在黄包车上，或电车快要开走时候，坐在窗口头，他会从窗外伸进一手，"搭"的一下，一抢而去，待你急急叫喊，煞车，弄手早已不知去向。这是一种，还有一种趁你坐在黄包车上，他从后面伸手上来搭去的，被抛者，初以为友人儿戏哩，笔者前天夜里也被抛去一顶，现在索性呢帽下面生一条带子，套在头颈底下，像小孩子戴草帽那样子。

二〇 越界筑路　赶猪猡

◆越界筑路

几个朋友一淘出去白相,开旅馆,喊向导,喝老酒,叉麻将,样样无所不为,即使吃亏点,都可以随随便便马马虎虎,不会顶针的。独有你自己带来的女人,或者你路上搭来的壳子,朋友想趁此嘻嘻哈哈机会,也来僭你一下边,吃一下豆腐,这便不肯同你过门的,这就叫做"越界筑路"。因为这一淘朋友白相得过了份,破了格,玩到带来的女人头上了,也等于越了租界筑起路来。所以越界筑路这句话,并不是随处可以听见,只有女人在男人淘中,才偶然有,他的命意,相当深刻,要在女人身上筑起一条"路"。

◆赶猪猡

前天曾写剥猪猡,昨天写剥田鸡,今天再写赶猪猡,缘因上海可说是猪猡世界,碰来碰去的猪猡独多,将来关于猪猡上面的切口代名词,越发多出来,什么叫赶猪猡,就是大热天,瘪三麻子手持把破蕉扇,钉牢你后面,一下一下替你屁股上扇着,那样子仿佛赶猪猡,你掷他一分钱他才回转身又去赶另外一只猪猡,如果不掷他钱,也不理睬他那末他钉紧后面不放,噜噜囌囌一大长串。可是猪猡也有一个办法避免他赶,譬如你发觉他钉在后面,马上走到马路角子上转一个弯,他便就此不上前了,这原因就是赶猪猡的瘪三,都有一定段地的。

二一 扎台型　开荷兰水

◆扎台型

现在的白相人惯会扎台型，也惯会吃豆腐，可说扎台型，吃豆腐二句口头碑到处可以听到，譬如二人因了嬉戏而发生口角，双方都不肯罢休，卒至动武，都因为不肯被扎台型的关系，如果一方认错或者肯吃瘪，这台型便被对方扎了去了，"台型"二个字的命意便是"面子"解释，"扎"作"坍"字解，扎台型便是坍你的面子也，所以常常听到："扎啥格台型"？这便是坍啥人的面子，于是下联便是："你台型扎到爷老子头上来了。"意思就是你脱了格，要来坍老子的面子了，总之扎台型就是要面子，硬争一个不错而要面子，死命不买帐而要一个面子。

◆开荷兰水

开荷兰水的声音是"嘶……"的一声，于是就有人利用这"嘶……"的一声讽刺人家，大致在公众地方，因为碍于场面上漫骂，譬如一个庸庸之子登台演讲，台下人不愿意听他讲，又不好拖他下台，便"嘶嘶嘶"尽叫，完全是舌尖上出来的声音，又譬如歌唱的人，唱得台下听众不要听了，又譬如这个人刺刺不休的唱不完讲不完，都用这"嘶嘶嘶"声音来逼他下台，这就叫做开荷兰水。背后批评该人演讲或歌唱恶劣，都说："省省吧，这家伙常常给人家开荷兰水呢。"

二二 单面头照会 过期派司

◆ 单面头照会

单面头照会这句话，一听便知道是一种小照会，或是一种水路交通可用，而陆路便不能够用，或陆路可用水路不能用，或可以进出英法两租界便不能通过虹口，其实这都不是的，单面照会之谓即一个人说话做事，完全处于一想情愿，并不征得对方同意，这称做单面照会，譬如二个人做事，意见本来一致的，忽然甲方来一个变化，而乙方并不知道，甲方已经实行去做，待到乙方晓得，二下自然要闹出事来，因此种之纠纷，这都是为了单面照会的关系，当然单面照会对这条路不能通过，也就僵在半路上了。

◆ 过期派司

派司过了期，便失去了效用，等于一张废纸，上海人惯会创造代名词，把过了时间性的事或失了势力的人，都称他叫过期派司，人家称他过期派司是很够悲伤的，所以现在又有人称迟暮女人也叫做过期派司，你想伤心不伤心，也有事情已经过去了，你一再提出来也失了效用，也叫做过期派司，世上过期派司的事不知多多少少，就是过期派司的大亨也不知多多少少，这一次战争发生后，过期派司的人，尤其邪邪气气，也不在话下。

二三 酥桃子　苗头

◆**酥桃子**

上海人惯会黑吃黑,真是大虫吃小虫,一级压一级,层层相剥,物物相克,最是一丝一毫不肯放松的,也不肯让步的,可是黑吃黑,碰着一个精光内行麻子,也是死路一条,便吃不落了,这里说的酥桃子原来是一种最无能最硬不起的人物,可说惯会给人家吃黑的给人家一票一票竹杠敲去的,因为他的无能,人又猪头三,蜡烛脾气,遇事一硬便面孔飞红,像一只叉烧一桶冷水,再也硬不起来,吃黑的人看见他这一付洋里洋腔,便吃定他嫩口,于是非挨出他的血来不可,这一种人称为酥桃子,因为像只酥的桃子一样,一捏便烂渣渣了。

◆**苗头**

人人都要一点点苗头,才可以有面子,走出去便有台型,可是人要有苗头不容易的,至少外面兜得转,人头熟,朋友多,那末你走出去,偶有什么难题目,只须你一句闲话,便解了围,这便叫苗头,还有别人七弄八弄,横讲竖讲,这件事不能解决,你跑到一说,便服服帖帖,大家鸟雀无声,这也叫苗头,还有平日不甚得意的,忽然一个转身用钱甚阔,行头十足,他在友人面前也一变平日态度,这也叫苗头,苗头近乎台型,台型的人都有苗头,所以这二字有联系关系,还有白相人叫你眼睛张张,也叫:"喂,老兄苗头别别挺",这作又一解了。

二四 玻璃银箱

　　昨天中国冬至,今天又是外国冬至,二重冬至接连过,多少年中难逢一次,上海人欢喜学洋派,中国冬至鬼节,反一无表示,独是外国冬至交关起劲,又叫圣诞节,真是城开不夜,马路上邪气闹猛,各写字间,洋行,银行,大商店停止办公凑热闹不算,还有大小学校也停止上课,放出许多小猢狲在外面闯来闯去,所以各游戏场,各戏馆,各跳舞场,轧是轧得来,比新年里还要热闹,其中要算跳舞场最热昏,全夜通宵,狂跳狂舞,还有什么化装跳舞,头上戴一顶纸帽,像一个白无常鬼,黑无常鬼,跳来跳去,看见真要笑煞人,因为这样子,一般少爷公子,写字间买办,银行小鬼,都要穷欢一夜,钞票像水一样流出去,可是有一批少爷公子,表面上看看台型实足,身边血邪气旺,那里知道一打听,袋袋里空空如洗,"喂,小开,今夜圣诞,到那里去狂欢?""算了,算了。还狂欢得落,我家里是只玻璃银箱。"银箱是玻璃的,只可看得见拿不出,这就是说钱是有的,只是被老头子管住了,像这种人,顶是尴尬,狂欢倒相狂欢,面子又一时坍不落,只好老早回去眠觉,或者今夜伏在栈房里打瞌枪。

二五 郎德山　虾米

◆郎德山

人人都知道称百不管的人叫他郎德山，所以有这句："郎德山百不管"的新名词，可是为什么叫百不管的人称郎德山，这里有个典故，要交代明白。原来郎德山是一个人名，他出世在北平，自小有冒险的天才，奋斗的毅力。少年时候即加入马戏班，遍走江湖，真是海游天涯，中国国内所有大小码头，他都到过，后又周游到国外去，娶了一个外国妻子，这时候他已经带领马戏班，一路表演，经过不少困难也说不尽许多冒险，只因他有刚毅的精神，遇事死不买帐，抱定百不管主义，卒战胜一切因难，成为一个很有名声的马戏班，只须提起郎德山，便知道他是个百不管的人了，第一，他能够耐苦，第二，他能够冒险。所以现在一般人对这句话有些误用，以为糊里糊涂的人，叫他郎德山，马郎荡的人，也叫他郎德山，无事忙，投五投六的人，也叫他郎德山，实乃误解，我们要应该明白。

◆虾米

小的虾干叫虾米，大的虾干叫开洋，它是弯曲着身体而死的，现在一般人就借用它曲死的意义来骂人家。"这位仁兄是只虾米。"意思就骂这个仁兄是个曲死。

二六 拖黄牛

　　牛只能耕田，车水，除非它懒得不肯爬起来，才用得到拖，平日把它拖来拖去，并不叫拖，却叫做牵，"牧童牵牛过西山"，决没有"牧童拖牛过西山"的一句话，可是上海有不叫牵而叫拖的，原来逢到几条从南朝北的桥头，便有这一批小瘪三业此拖黄牛的职业，一部黄包车快要拉上桥的时候便有一个瘪三麻子伸一手过来"搭"的一把，拉住黄包车的杠子，垂了一个头，弯下一个身体，拼命拖上前进，使黄包车夫减轻不少重量，拖到桥的中央便伸出一手来向你索拖费，从前是付一个铜元，便放你过门，否则他不肯放车子拉过，现在没有铜元，至少付他一分钱，有的二分三分不等，一天每一条桥，来来往往，不知有多少车子经过，一个拖黄牛的瘪三收益，每日恒在二三元以上，你想可惊不可惊？不过我们袋里偶未带另星辅币，他把你拖到桥中央，伸手要钱时候，如果不付给，便烂骂你山门，骂得你非常刻骨，不过有一个办法可以避免，当他上来拖的时候，你马上告诉他："我袋里没有另星钱，你不要拖。"他也就放手不拖了，有一批初来上海的人，不谙这门槛，时常吃苦，车子被他拦阻在桥中央，不放你过门，往往结果给他敲去一角二角。

二七 迷汤 牙签

◆ 迷汤

普通人家吃饭,小菜二荤二素,外加一只汤,俾易下饭,宁波人在上海有"汤罐"之号,以其特别欢喜吃汤也,宁波菜馆有一只"花三鲜汤",丰盛实惠,老吃客必点此汤,徽馆里则以"大血汤"闻名。吃排骨菜饭,有一碗咸菜清汤奉送,广东馆子里的"凤爪花菇汤",汤吃完另加,须两角大洋,的确鲜美可口。我这里所说的"迷汤",并非助饭之汤,酒菜馆里没有叫,此汤也,只是一种抽象的东西,无形无质可寻,味道,是的确有的,上口滋腻而甜,沁人心肺,发生副作用,顿觉酥麻麻,神情不能自主,有点"浑淘淘"之感。无疑的,"迷汤"两字,顾名思义,是用以"迷"人的一种"汤",含有麻醉成份。迷汤只合宜于灌,他不喝,灌给他喝。社会上大概女人灌男人迷汤的居多,男人反灌女人迷汤的也有。"灌迷汤"是一种欲达到某种目的手段。如妓女,向导女,舞女……等,都备有大量迷汤供应其客人,客人喝了迷汤,却觉六神飘荡,情情愿愿多化法币,这便是迷汤的代价,轻薄少年以及拆白之流,勾引人家妇女,也拼命灌迷汤,务使对方倾心。但是迷汤人人有灌法各有不同,有的灌得巧妙,一灌成功,有的不得其法,徒劳无功,当然要看被灌者的胃口如何了。"迷汤"的发明者是孟婆亭里的孟婆,叫"迷魂汤",使死鬼喝了她的汤忘却前世事,去投人生。在阳世也有被人灌了迷汤而得意忘形者,委实可怜。

◆ 牙签

中国人不注重牙卫生,常常出毛病,蛀的蛀,烂的烂,米粒肉丝,每容易嵌入蛀穴缝道内,胀得很难过,不得不用牙签乱剔乱触,除去嵌物,才觉舒服,牙签有金银质的,铜质的。普通则用竹木制成,剔过触过就随手抛弃,倒也合乎卫生原则,考究人家,都备一盒牙签随身藏几根,供不时之需,馆子堂倌讨好吃客,亦送牙签以博取小小账之赏赐,一辈小白相人及工友把牙签插在呢帽带里,以示阔绰,这且不在话下,我这里所说的"牙签"不是指物,而是指人,譬如一男一女,初则邂逅,继而开特别快车,发生肉体关系,结果呢,一方面把另一方面遗弃了,被弃者便可斥对方为"牙签",以其随用随弃也。照道理,女的遗弃男的,才形容恰当。市面上则无分男女,一律以牙签名之,似觉不合逻辑,我以为男女相悦,必须持之以情谊,负责任,若处处抱"牙签心理",终必剔出血来,勿是生意经。

二八 排三和土 挨血

◆排三和土

造房子,地上铺一层水门汀之前,务必先要排一层三和土,就是笃碎的砾砖,七凌八歪的一块一块铺在地上,再用人工把很重的铁头木桩把它排结实,他的声音"篷呀篷"的,工人嘴里还呼号着。白相人相打,要置这个人于半死不活,把他拖到弄堂内,也依照排三和土方法,一个拎头,一个拎脚,把这个人抬虚空,篷呀篷的朝地上掼,这相打的姿势和排三和土一式一样,这刑罚真是惨无人道,一个白相人要排这家伙三和土,其恨切骨,其仇非报不可,而后才用到这一记辣手,所以大都在弄堂内施行,要排得这家伙。只剩一口气,或者大叫:"爷叔!爷叔!饶饶我一条狗命!"而后方肯歇手,否则你要面子,嘴硬不怕痛,不肯叫饶,便把你排得只剩一口微气而后已。

◆挨血

一个人身体里没有血便要跷辫子,一个人没有钱在手里,仿佛和没有血一样,日子照样难过,所以现在一般人向你敲竹杠,或者借一点,讨一点,都叫"挨血"。挨者要也,血者金钱也,挨血听来多少漂亮,扎硬,"喂,仁兄,这挡麻子身边血邪气旺,为什么不向他挨一点?"这是叫你敲他一死,"朋友,这二天我袋里毕滴生司,本月份薪水还没有挨到。"这是挨字又作"到手"解,他的薪水还没有到手呢。

二九 踏死蚂蚁当补药吃　求签

◆ 踏死蚂蚁当补药吃

蚂蚁动物中最小焉者，可说他的身上无皮无肉无血，只不过一层壳，再加把他踏踏死，更加是米米细的一些些烂渣渣的东西，连手指都拾不起来，可想而知毫无用场的。这句踏死蚂蚁当补药吃，叫做吃熬也不会好意思是要敲这人竹杠，可是这人只一个空壳子，身上既无肉又无血，亮打亮是一条裤子，一根裤带，敲榨不出血来的这也是白相人口中的一句很流行的话，现在市面不景气，民不聊生，人人闹着不得过去，白相人竹杠也难敲了，本来一个人只怕穷，穷最拿他无办法，所以我们大可写意写意，白相人当我们是蚂蚁看待的。

◆ 求签

到老爷庙里去求仙方，求问事，都叫求签，这也可说：无事不上三宝殿，有事才来寻住你。这里说的求签，并不是到老爷庙里求签，"喂，老朋友，你身上一件衣服借一借给我，去求一求签。"这就是弄尴尬了，一时无法可想，问你借一件衣服到小押店里去当一当，叫做求签。老爷庙求签有一张黄条子的签语，押当里求签也有一张签语，这就是当票。如果开口拿件衣服去当一当，多么难听，求一求签，虽不如何漂亮，但总比较扎硬，有台型。

三〇 三点水 搭甜头

◆ 三点水

三点水边旁字眼甚多,关于水字部份都是从三点的,上海人有一句叫:"这是只三点水",单混混统统称他是三点水,人家心内便会意他是什么样的一个人物,原来这三点水是指定一个"淌"字,即"淌白"是也,淌白是一种私娼,又叫半开门,又叫跑公司,我人拿私娼,拿淌白,拿什么拿什么的字眼来叫她,都不好,都没有艺术,现在想出三点水的代名词来,就比较好上口,雅致,漂亮,可是近一年来,三点水的代名词,又有一种别的解释,也是以三点水来指定他的,但是我不能说,明亮人也不用得说。

◆ 搭甜头

一个人要转你念头,想问你借一票,或开一记条斧,都不是随随便便的,事前都有一种准备,计划早早布排好,而后再进行,无有不收到效用,事前的准备,当然不外乎把你马屁一阵烂拍,或请你吃一顿,或请你看一场戏,或依你嗜好的,他都会投你所好做到,让你开心得以为这人真是个君子,不可不交,不交直头可惜,这就叫"搭甜头",先让你尝尝甜的滋味,而后再来,开你条斧也。近来一般人惯会开条斧,敲小竹杠,借贷,事前热烈接近你,待到对你一开口,那末还是答应他好,不答应他好,答应他大拉司出空,不答应一只笃脸,倒一时放不下落,唯有一个办法,事前见他特别同你讨好,请你这样,请你那样,千万防他是给你搭甜头。

三一 半吊子　洋铁罐头

◆半吊子

一个人做事总不可"半吊子",尤其代友人做事,务必自始至终做得十分圆美,这才不负人之讬,老实说人家托你做事,有的是利用你的,但也看事行事,明知是利用,但也情情愿愿替他做个结束,有交代,而后才安心,如果是真心奉托,更要赤心露胆去做,不可一面答应,一面背后便拆人家烂污,半途放手了之,这一种人就称为"半吊子",即半空中吊你起来,而人家反坐在鼓里不知道呢。这又叫做拆蟹脚,一个人没有责任心的,大都做半吊子的事,永远为友人看不起,得不到同情,可以合作的事都一脚踢你到老远。

◆洋铁罐头

战事发生之后五金飞涨,从前一张二块钱的铅皮,现在涨到八块几角,从前一分钱可买洋钉一包,现在至少一角钱,还买不上大的洋钉五枚,这是日用品,还有关于洋铁筒,一个香烟罐头从前只一分钱,现在八分钱还定不到货,所以五十枚香烟改装纸盒,旧货鬼收旧香烟筒由一只铜板也涨到三四分钱了。这里说的洋铁罐头,恰恰相一反面,指你身上穿一套蹩脚西装,才叫你洋铁罐头,是藐视你:"神气一只×,身上不过是个洋铁罐头。"殊不知现在五金涨价,洋铁罐头也不推班呢。哼,你身上也找不出一些洋铁气来。

三二 弹子壳子 十一号车

◆弹子壳子

弹子壳子,人家一听便知道是枪弹开出去后落下来的壳子,所以称为弹子壳子,弹子开出去的壳子,名目非常多,有步枪上的壳子,手枪上的壳子,机关枪上的壳子,大的有炮弹壳子,飞机上掷下来的炸弹壳子,只须有弹,无不有壳,然而我现在说的并不是这一项壳子,原来却是一粒红的圆的弹子,顶在烟枪上,逼紧定心灯,"察察察"吸的红珠子,所谓壳子,本来是指女人的新名词,可是放在弹子壳子下面,便成为一个女老枪的专名词了。

◆十一号车

几个朋友一同出去到较远一点地方白相,有的主张坐电车,有的主张坐黄包车,阔气的主张坐汽车,可是其中却有个插出来说:"我主张坐十一号车。"奇怪,什么叫十一号车,从来没有听见过这一种车的名字,于是大家都问他一种什么车,他说:"我坐的十一号车,不用出得分文车费,而且我有得坐,你也有得坐,大家都有得坐,一样到目的地。"后来经他一说明,所谓十一号车者,就是两脚车也,两只脚拼齐踏在地上,不是成为一个外国号码11,这字面恰成十一之数,于是就叫十一号车,意思还是我们双只脚走去好了,何必坐车子呢。

三三 | ## 麒派喉咙

　　一个清清早晨头,太阳没有起来,望平街两旁边可有几千人马,拥挤在一起,一片人声,像潮水那样鼓动,闹是闹得了不得,原来这一批人都是报贩男男女女,老老少少都有,清早都在望平街拆批报纸,以便散布全上海去卖,这一批报贩子,有的是摊在地上,插在墙上,摊在手臂上而站在马路转角,还有一批人马,专门沿街,沿弄堂一条一条去叫喊,因为他的喉咙天天喊得变做沙了,"阿要看到晶报,申报,新闻报,大美晨报,东方日报,各种小报。"这一种调头,仿佛麒麟童在斩经堂里面唱的一段,喉咙又沙又枯,简直糊里糊涂发不出声音来了,有人说这就是麒派喉咙,又像老枪喉咙,因为发音沙的关系,举凡一切叫喊的小贩,如修洋伞的喊:"阿要修到破洋伞哦!"如收旧货的喊:"阿有破玻璃洋瓶碎买唵!"如磨剪坐刀的喊:"阿要磨唠擦刀哦!"如收龙头渣的喊:"阿有龙头渣卖唵!"等等名目,不胜缕述,他的发音带沙的,仿佛老枪的都称为麒派喉咙,然而现在麒派喉咙,邪气出峰头,不要以为拿这许多小贩的叫喊来比喻麒派喉咙,殊不知麒派正宗,多少年来享着盛名,始终未衰他的喉咙并不是故意要做得这样沙的,这是天生成功,人家说的麒派喉咙,抵不过正宗的一只脚指头,当然不可同日而语了。

三四 | **玻璃杯**

　　我住的这幢房子的亭子间里,住下一个很漂亮的女人,每日傍晚模样,浓妆艳抹的出去,要到半夜才回来,后门总是由她煞末一人上锁,我太太说伊是公司里的玻璃杯,伊也自己承认的。这真是笑话,我枉为上海住下多年,一日到夜伏在书房间内不出门,一个女人称呼她叫玻璃杯,而且她也承认,难道现在的有一种女人是玻璃出品不成,或者这女人定规是在制造玻璃杯子工厂里办事的,然而经我一打听,大大不然,原来她们是在游戏场内,专门泡茶冲开水的女人,称为玻璃杯,缘因她们泡茶镲客的杯子是玻璃的,与其唤她们女堂倌,交关俗气,难听,不如以玻璃杯三字称呼她,自然漂亮,显出她们的清清白白了。听说做玻璃杯的女人,都有一种迷人手段,马屁功夫,奉顺你客人泡她茶吃,那末一杯清茶自己本钿只四五分钱,可是一到帐台上交帐,要付二角半至三角半光景,客人吃她一杯清茶,或白开水,付她二角钱,当然不会收,付她半块钱,还不会谢你一声,起码付她一块钱才对你一笑,才说声谢谢,有许多瘟生客人,给她们好话一讲,迷汤一灌,魂灵出了窍,钞票五块十块一付的多得势,所以做玻璃杯的女人,身上都穿得漂亮,面孔涂得雪白粉嫩,胭脂采得像猢狲屁股,仿佛进于卖花茶一类里去了,她们的出息可想而知是麦克麦克的,有的还可以待打了烊,陪你一夜哩。

三五 | 茶花女

　　法国大戏剧家大仲马的儿子小仲马,曾写过一本小说叫做"茶花女",真是刻划入微,描摹得柔肠九转,感伤动人,这本书在法国出版,不特博到社会人士热烈的欢迎,就是中国的翻译本子也很畅销,始终未衰,小仲马的大名,因而卓立,而这本书便成为一部不朽之作。可是我们的上海,近年来真的也产生不少茶花女,这倒是件奇事,而且茶花女之中有标致的,有分为甲乙丙的,这更是大笑话,原来我现在说的,是指茶室中的女招待,并不是什么真的像小仲马书中里茶花女,因为近来茶室中,多雇佣女子招待。这批女招待来考的时候,都经过严格考试,第一条件是一只照会(面孔)漂亮,就不用试得也会成功。茶花女为什么不称她玻璃杯,只因虽同行中,一样是招待茶客的,因为她们手里执的并不是玻璃杯而是磁器茶壶,不但这一点有分别,而且她们还手托细点,走来走去贩卖,零外还有一个特点,就是身上穿的一色洁白的围身,背后大打结的腰带,双双垂下来,交关的漂亮,雅致相,茶花女芳名的由来,因为她们一日到夜在茶室中穿来穿去,偶也同茶客说二句笑话,都很书卷气的,决不像玻璃杯那样那样俗不可耐,近年来女的中学毕业生,都没有出路,很有做茶花女的,从前大东茶室,有个茶花女叫黄惠霞,直头出过风头,后来居然到香港去嫁人了。

三六 雨夹雪

今年天气有点奇怪,起初有一枪日子忽然来一个大冷,一批瘪三麻子不及防备,半夜里统统冻死。照前天报上统计:一月内冻死八百多人,这远不过是根据普善山庄一处报告:其他冻死的想还不止这数目。倒是到了急景残年当口的冷,已经把人们骨头经过一番收缩,这时候反不觉什么冷,倒是可恶的总有一枪日子雨雨雪雪,雪雪雨雨,下个不停。我现在说的这个雨夹雪,并不是指天上落下来的雨同雪,原来舞场里有这一句话,而且很神秘的,不是人人白相舞场能懂这句话的意义,一般舞女也只有心领意会,私下感谢客人,而客人也不会公开的把这句话来告诉舞女,可说双方心照不宣,毋须说明白了。现在我再来表白这"雨"。雨不啻就是金钱,钱挥霍得结棍时候,仿佛雨一样的朝下落,雨一样的漂出去,所以雨可以作金钱解。"雪"就赛如银子,雪白的银子也等于雪一样的,这"雨夹雪"一句新名词,就是客人买舞票给舞女时候,在舞票中间夹上钞票私下讨好舞女的,叫做雨夹雪,可是懂雨夹雪这个舞客,他的目的至少在这个舞女身上转一下小念头,不然不会完全买舞票给她,何必雨夹雪呢?

三七 | **坐飞轿**

　　只有坐飞机,没有坐飞轿,顶顶从前上海的长三堂子,凡妓女出堂差,没有车子,都是坐轿子,也叫做坐飞轿,比喻轿子抬得快,像飞的一样意思。自从有了包车之后,轿子早已废除,现在来来去去都是坐的包车了,这里我说的坐飞轿,其实并不是真有这顶轿子,只不过一个人一阵糊里糊涂,腾云驾雾一样,胜如坐飞的轿子,为什么不说坐飞机呢?说到这飞轿虽没有轿子其实,可是也比轿子相仿佛,因为前后有人抬着你,你的身体,也是离空地皮的。凭人的聪明,难道这一个新名词都想不出吗?我想决不会的,如果一言道破,真是分文不值,原来就是马路上野鸡拉客人,硬劲拉你到她家里去,这就叫做坐飞轿,单拉拉还不能算称为坐飞轿,到如何情形才给你坐飞轿,大概这条马路往来人稀少,又黑暗,如果你单身匹马一人撞过去,必为她们抗劫以去,这时候你呼喊也没有用,强也强不脱,可说用力用不出,因为左右前后许多野鸡,老妈子一齐出动帮忙,把你一个人抬的抬,推的推背的背,拉的拉,像蚂蚁杠受伤的苍蝇一样,任你如何挥拳踢脚,都没有效用,终是咬住你不放手,自然一个人如何经得几个人的力,老早一个身体朝上一升,双脚离了地,硬劲把你劫进去了。这坐飞轿三字,最是确切不过的,如果尝过坐飞轿的朋友,他一定承认这三字题得最吻合,丝毫不错。

三八 香港饭店

上海的大旅馆,靠十年来都不题其名曰旅馆,为某某旅馆,某某旅馆,而一律称为饭店,譬如最负盛名的要算念二层楼的国际饭店,静安寺头的百乐门饭店,其次如沧洲饭店,中国饭店,南京饭店,远东饭店,名目邪邪气气之多,如果看见上面有饭店二字,而当他是饭馆,跑进去吃饭,这真是笑歪嘴吧。我想也许有这种人,不过上海本地是决不会有的,所以取饭店二字的命意,无非是复古,因为古时间的客栈都带卖饭,又简称饭店,门口悬一块牌,上写"中伙随意",中伙就是饭,随意便是随你心意弄点吃吃。现在交通不方便的内地,恐怕还有这种小饭店的客栈,困一夜只收一百几十文,专供一般轿夫和赶路的客商,所以他们还有招牌叫"安万客商"。上海近年来有句叫"香港饭店"的新名词,这并不是代表一个旅馆,也不是一个饭店,大家都巴望不得不要到香港饭店里去住夜,足见这决不是一个好地方了。究竟是个什么场化,原来就是指巡捕房称为香港饭店,戒严到捕房里去住夜,叫做到香港饭店去住夜。战事发生之后,上海起初戒严是上半夜十一点钟,至快天亮五点钟,战事内移,戒严稍松,延迟十二点半至下半夜四点半,这戒严时间内路上行人一律扣留在一起,女人不要待专门装这批人的大车子经过,一个一个捉上去,于是沿路到一个站提一批,直向香港饭店开去,到了第二天五点钟才开你出来,每夜这大车子出来二次,第二次开过之后,还没有离开戒严时间,便也妈妈虎虎让你通过,因为后面没有车子来装你进饭店去了。

三九 水　头

　　几个朋友在赌场里碰面,一笑互相问道:"喂,老兄你今天带多少现钞来的?"一个答道;"有现得势,不过二尺水头。"如果这个问的人不懂二尺水头是什么,简是莫明其妙,还是不知道他带的几个钱来,当然不好意思开口再问他:"什么叫水头？什么叫二尺？"只好肚内明白,点点头糊里糊涂过去了。其实水头就是钱,几尺就是数目。上海人曾以"血"来代表钱,你身边血旺来,就是你袋里钱多得来,这水头等于血一样,他的来源,曾喻人以比鱼,鱼无水决不能生活,人有了钱也等鱼之于水一样,过去有这句代名词:"你身边水头多来。"不过近来绝少有人说起罢了。所谓二尺水头,就是二百块钱,以尺为百位,以寸为十位,三寸水头,就是三十块钱,十尺以上水头便绝少有人说起,还有十块钱以内的,也没有人说的,五块钱便称为一张黄鱼头,五角钱称为一张小黄鱼头,都不配称水头,近有白相人吃讲茶,要对方拿出多少多少,都是说水头。托人去讲,也以几尺几寸水头为一个限止,多则宁可打官司,这原是一句白相人攀谈的切口,正当商人多不用,狗肉不上台面,如果学时髦,把这水头二字挂在嘴上,人家便轻视你,说你流于三点水淘了。

四〇 寿尔康　捞混水鱼

◆ 寿尔康

寿尔康是一种补药名字,人人都知道的,现在有人来称呼他一个新名词,叫做曲死,寿头码子,都称他寿尔康,"你这挡家伙真是一等一的寿尔康。"意思就是说你这人顶顶寿头码子。这发明的人,不会发明点有利于国家的武器,有益于社会的建设,只是凭空创造新语言,新名词,散布到外面去,弄得人家莫名其妙,譬如这句寿尔康,又被采为寿头码子的代名词,真是确切之至,和"虾米"有异曲同工之妙,只是这发明的一定促寿短命,不得好死。

◆ 捞混水鱼

金钱人人爱好,钞票个个开眼,只要取之正当,整千整万你有本领。尽管拿了走,如果不当,便是犯法,大者便是强盗,小者就是窃儿,都要受到法律制裁,毕生名誉从此送终。还有一种人,门槛就实头精,他明明亮里拿不到你的钱,又不肯自己公开的出面,只好暗头里用手段,舞弊,或者想出种种名目由旁人来敲你一记,这是一种,还有趁你稍受挫折辰光,失败当口,暗中捞你一票,这叫做捞混水鱼,盖水清捞鱼易为人所见,水混捞鱼,不为人注意也。大致捞混水鱼都是大家存心拆棚脚时候,糊里糊涂捞了一票,赶快脚底抹油,一走了之。

四一 | 甩水　毕德生死

◆甩水

菜水馆里有只小菜叫甩水,就是炒青鱼尾巴取其肥嫩味美,炒青鱼甩水最拿手就是徽州馆子,可是近年来反不如前,倒是本地饭馆对这味菜炒得很好,大可一试。这里我说的甩水,白相人攀谈,叫做请你吃耳括子,叫吃甩水,"你老兄嘴巴清爽点,不要龌龊,老子请你吃甩水!"为什么不请你吃炒青鱼头尾,炒汤卷,却点中甩水,这自有理由,缘因一只手伸出去朝他脸上括上去时候,手掌两面扇动,赛如一条鱼在水里游行,尾巴旋来旋去,仿佛甩水,于是就审定吃耳括子叫吃甩水了。

◆毕德生死

有个朋友姓毕,名字叫德生。这是个很好听的名字,而且依字面讲也很挺括,谁说不好,然而却碰了一个吃豆腐朋友,听见这名字,拉起来便说:"喂,老兄,你为啥还不死?"姓毕的马上问道:"为什么要死?"那朋友说:"哼,依你名字讲,是应该要死的,毕德生下面还有一个死字,你懂不懂?"这是句笑话,毕德生死就是英文EMPTYCENTS,袋袋里一个钱都没有了,称为毕德生死,还有一批人装穷,你问他借钱,他也拍拍袋袋道:"同你一样,毕德生死!"

四二 花 瓶

　　花瓶到今朝，人人知道他是代表一个只会拿薪水，吃饭，不会做什么事的女职员，说她像只花瓶一样供在写字台上看白相的，当她一件装饰品的，这个发明称她花瓶的人，真是聪明，说她像花瓶实头切当，缘因女职员多化妆得十分漂亮，粉是粉，胭脂是胭脂，头发烫得一卷出来做云头，纤纤玉手，雪白粉嫩，指甲上又是蔻丹涂得血红，你叫她拟一张原稿，别字连遍，半天还拟不好，你叫她算一笔清帐，"的笃的笃"算来一遍肉，一遍鱼，一遍清菜，一遍莱菔，当然旁边男职员来代他纠正了事，如果生活清的时候，倒可以陪你谈谈天，讲讲笑话，等一会写字间打了烊下来，一同出去看电影，或者的在什么舞场跳茶舞，这种事最起劲，一个机关里有了花瓶，倒是挑挑男职员开心，落惠。还有花瓶的写字台抽屉里，独多化妆品，修指甲东西，如果说他们是花瓶，他们还火冒三丈高，不承认这句话，同你不肯过去。但是话又说回来，女职员到底不是个个是花瓶，花瓶也不是个个不会干事，不过他们装饰十分漂亮，这是女子天性爱美，不能派了他做事，而禁止他们装饰，花瓶是花瓶，不是花瓶总归不是花瓶，眼睛人人生，不可以乱话三千的。

四三 沙壳子　灰钿

◆沙壳子

代名词中要算对于钱的名目最多,过去已经写过不少,如称为血,称为水头,称为大拉司,称为锡箔灰,称为黄鱼头,种种名目,不过略举一二,这里说的沙壳子无非又是钱的代名词,人家说:"我袋里沙壳子一个都没有。""你要开心,要摸出沙壳子来的。"沙壳子当然不是指钞票,银洋,这分明是指铜元,从前的坏铜元心子夹沙的,犹翻沙铜一样,然而指铜元,换言之就是指钱,指钞票,沙壳子者,钱的总名称,不过近来说的很少,因为沙壳子一变而为花花绿绿的小方块纸头了。

◆灰钿

灰钿无疑的又是指钱的说话,我为什么要提出来单独说上一说,只因灰钿这二字虽指明是钱,而这里面有分别的,大致一个人钱化得太瘟,化得太猪头三,化得太不值得,并不是刀口上的,这称为灰钿,灰钿总之说不出的一种只是化得太冤枉了。譬如友人出面请客,要你暗中去会钞,而且会钞得连客人也不知道,譬如人家托你买东西,钱不够了,你代他垫了出来,当面碍于情面又不好意说出,说出来明明是要他补还你,然而那人并不感谢,你想怨不怨,这都称为灰钿,所以一个人不说不乱挥霍金钱,但切莫不要化一个灰钿。

四四 | 提鸟笼　亨头

◆提鸟笼

　　花柳毛病中，一种叫杨梅疮，一种叫横痃，一种叫白浊，杨梅疮同横痃都能在最短期间内医好，断根，独是白浊最为牵丝攀藤，非但一时不会好，而且好了之后还要复发，永远跟了你，其痛苦不可言喻。往往有白浊毛病的人，走路没有神气，跨法跨法的，一只手往往拎了裤子挡，使下面东西不致擦在裤子上，而受到刺痛，这样子人家一见便知道这家伙近来出毛病，提鸟笼了，这是说他一手拎裤子挡的样子活像提鸟笼，我们路上不是碰不见这种提鸟笼的人，只须你稍微一注意，就可以看见，这又称为都市病，住在都市里的男子不曾生过都市病的，资格还嫌浅薄哩。

◆亨头

　　几个人争论不清，一时无可解决之望，进一步拉起便打出手，正打得落花流水辰光，谁也拖劝不开，忽然跑来一个大亨，一看打的都是他小辈，便一声吆喝："不许打。"真也奇怪的，这一批七世冤家碰了八世对头的家伙，自会软化下来放下袖子，拔上鞋子，气喘如牛的不声不响走开了。原来这一声吆喝的就叫亨头，地位比大亨还要大，称他叫亨头，亨头之上已经没有名目了，所以平常的人争论不下，大亨一来就可解决，大亨的争论，非亨头来调解不可，做亨头是不容易的，至少手下有几千人马，不然不能收服人家。

| 四五 | **拉司克**

　　这句闲话很古怪,什么叫拉司克?要知洋泾浜是没有道理讲出来的,"拉司"是英语的"LAST",解释"末脚","克"即英语的"CAR",解释"车",拉司克者,便是末脚一班车子,我们看夜戏或者白相游戏场出来,辰光已经十二钟将近,叫黄包车回府,价钿吃勿消,江北同胞眼见戒严时间迫近,乐得抬高价钿,大世界到泥城桥,要讨三角大洋,真正热昏,此时可不容再犹豫,赶快去电车站去乘电车,当然十二点钟电车都纷纷进厂了,开一辆少一辆,不过还有末脚一班车子可乘,这班车子错过机会,便只好吃黄包车夫的竹杠,或者苦苦两条腿,坐自备十一号车子,聪敏究竟让为上海人,善于利用,把"拉司克"这句话用为代替语,譬如赛跑,跑得末脚一个,就叫"拉司克",考试考末脚一名,也叫拉司克,宴会请客,谁到场得最迟,大家一定说,"老兄,侬拉司克,罚酒三杯。"过去中国文化处处落后,建设,军备等等也不及人家,所以也只好算拉司克,不过近年以来,愈在国难重重时期,一切都有显著的进步,也许不久的将来,可以由拉司克一跃而居能勃温或者能勃土,由国家社会而说到个人,也应该抱定宗旨不做拉司克,要走在时代的前面,不比得电车,拉司克往往反而受人欢迎,头等三等里都挤得满满的,卖票朋友乐得逞机会搭些油水,好在查票先生也寥若晨星了。

四六 荣生牌

　　吸香烟是最大众化的一桩事,上至要人显宦,中及富翁老板,下迄贩夫走卒,莫不一支在口,心身舒泰,其相异者,仅牌子不同而已,然茄立克白锡包与老刀牌金虎牌,品质好坏,价格贵贱,虽相差悬殊,而同为香烟,则一也。市面上香烟的牌子,有种种名目,千奇百怪的也有,高雅的也有,通俗的也有,雅俗共赏的也有,普通一爿香烟公司,总有好几种牌子出品,这一只牌子不时髦,销路不旺了,另外又打出一种牌子,所以即使是烟纸店老板,亦弄不清市面上究竟有多少牌子的香烟。牌子就是商标,在未出品前,须向政府税署登记,然后始准销售,市面上只官一种香烟的牌子不注册,便是马路上老枪瘾三卷"磕头"牌,又名"湾腰"牌,一般尴尬同胞都乐于购吸以其价廉实惠也。最近市面上又流行一种牌子的香烟,叫做"荣生"牌,假使你不明究竟,真到烟纸店里去买"荣生"牌香烟,那你将闹出笑话,因为"荣生"牌香烟正和"磕头"牌一样,香烟壳子上并不印明白的,原来"荣生"两字,根本是歹土上一家呼卢喝雉场所的招牌,你有钱去博胜负,他们当然不胜欢迎之至,竭诚招待,备了大量的香烟,供客随意取吸,三炮台以至茄立克,只要开口,就会很爽快的取出。当场吸了不算,还可原包头带走,到外面来请客,这种香烟,就叫"荣生"牌了,其实歹土赌场林立,香烟家家都备。其牌子亦因其"窟"之招牌而各异,譬如"乐园"牌,"蒙脱卡罗"牌,"兆丰"牌,不过"荣生"两字,印在人们的脑海里,似乎比较更深刻一点。"荣生"牌香烟的代价没有一定,五块钱一支,一百一千一万也是一支,闻之能不令人咋舌!

四七 去兜兜

　　二个人相骂,要像骂起来,又像骂骂停了下去,旁边一个人插出来,神气活现的道:"骂只×,叫他出去兜兜!"叫他出去兜兜,兜到那里去,这是句什么话,叫人莫名其妙。从前上海在大除夕夜里,一过下半夜三四点钟光景,有一种人想碰碰新年里的运道,所以没有待天亮,接紧元旦第一天,坐了汽车马车,在马路上拼命的开来开去,从外滩兜到四马路,从四马路兜到跑马厅从跑马厅兜向泥城桥,又打从苏州河沿浜兜到浙江路,再兜到大马路,石路转弯,又弯到四马路来,威风果然威风,都是几个少爷公子带了长三里的红倌人,打扮很漂亮坐在车子里,沿路摆威风的摆过,这叫做兜喜神方,兜的人自从一年增加一年,马路上汽车衔接不断,弄得走路的人,年三夜四收帐的人路都不能走,还闯祸,撞死人,工部局出来干涉,把几条要紧马路,统统用长凳栅栅断,只好人走,汽车不能走,于是此风稍煞,兜喜神方的人只好在屋里叉麻雀。现在这旁边插出一个人说:"出去兜兜!"决不是指这兜喜神方,所谓去兜兜,大意想是指:你们二个人相骂相争就省省吧,不要骂了,不要争了,还是出去见见市面吧,开开外面的眼界吧,所以码头愈兜得多,眼界愈广,见识愈丰富,决不会有无谓得争吵了。去兜兜,不但是这样的解释,更可作一个总结束,总批评解,事情到了快完结当口,往往也有这句话:"好了,出去兜兜吧。"

四八 裴司开登

　　一个人脾气各各不相同,好的真是和善得说不出话来,称为好好先生,见了人阿弥陀佛,人家骂他,讽刺他,他笑嘻嘻对你,一句不回答。除非你真的触犯了他,或者踏到他的范围之内,也许他不肯罢休然而好好先生终不脱和气的,一经解劝,也就风消云散。这是一种人还有一种人脾气特里特别的,称为古怪脾气,这一种人最难服侍,说他好,他倒不一定买账,"谁要你说好,这还不是存心骂我",他自会疑心到人家在骂他,你若说他不好,这更了不得,他决不放你过门,要你交代明白,人家出来劝和没有用,讲好话也没有用,你自己认错也没有用,最了不得的事,无非认错算了,这古怪脾气的人不和你这样说,他非寻根究底问你:"为什么说我不好,不好原因在什么地方?"他这样一味同你七缠八缠的搅不清,可说这一种人最惹气,这二种人一种太好,一种太坏,可是这中间还有一种称为裴司开登的人死命不做声,一天到夜一只面孔冷冰冰的,原来裴司开登是银幕上冷面滑稽笑匠,称他笑匠,他自己根本不笑,始终冷冰冰的,要你看的人笑,所以拿他来比喻,一切冷面孔怪脾气的人,都称他裴司开登,所谓就是活死人面孔也?活死人面孔,不是看见又好笑又好气的么?

四九 哑 开

这句哑开的说话,实骨子并不是新名词,可是我们中国的话中从前并没有,却是近年来听见却特别多,东也一声:"哑开",西也一声:"哑开",如果依照字面讲,这仿佛一个哑子忽然会开了音,所以叫他哑开,然而他的用场并不是这样。但是一经说穿分文不值,原来这是英文中的 OK 二个字母,我们中国人素来欢喜学洋派,往往中国人同中国人碰了面,不说我们中国话,偏偏欢喜说上一派洋泾浜不三不四的外国话,完全像放屁,而自以为时髦,这一批人简直忘记了他本来的面目,恨不得自己的眼睛也变上蓝的,头发变黄的,鼻子变高的,可惜不能变,而满口"也司""哑开"的结果,依旧是个黄种黑发的中国人。还有中国话中夹上三二句外国话,这可以算不中不西,不尴不尬,不上不下,只好说他舐外国人一只×,说不完全说上三二句也是好的,中国所以要气数,国难所以方殷,都是这批家伙造成的。如果说是时髦,不如说是坍我们中国人的台。凡我同胞,以后可以少拉二声外国屁了可以省得的还是省掉的好。除非需要,只好用到它。

五〇 放单挡

说书先生说书,两个人说叫"双挡",一个人说叫"单挡",自然以两个人说为热闹,一个像煞有介事装公子,一个逼紧喉咙做小姐,后花园私订终身,加些穿插,噱头势多。单挡说书,又要做公子又要做小姐,还要加噱头,当然吃力而不易讨好,如果能说得出人头地,当然其艺术比"双挡"为可贵。我对于说书是外行,胡说几句,不过作为今天"放单挡"题目的一个引子而已。譬如好冶游者,并不邀同三朋四友,与众共乐,只是一个人独溜,就叫"放单挡",这其中当然也有"放单挡"的道理;或者那位仁兄生性怪辟,不欢喜成群结党混在一起,或者他有某种新发展,本来喜欢三合四凑的,忽然一天独溜不免有他的秘密,为避免友辈耳目起见,只好"放单挡"了。比如小王白相舞场,忽然与某舞女有染,约好明天碰头,藉晤衷曲,自然不可带朋友同去,以免有碍视听,万一不凑巧,偏偏被朋友撞着,朋友一定要说:"哼哼,小王无写意,你为何一个人'放单挡',搭壳子是哇!"小王一定面红耳赤,支吾其词,然而事实俱在,还是直认不讳的好,否则反而欲盖弥彰了。上面所写,不过是一个例子。所以遇见本来爱热闹的朋友一旦突然"放单挡",其中必有蹊跷,不乏蛛丝马迹可寻。风月场中,若想抱实惠主义,则以"放单挡"为宜,若说根本为消遣性质,吃吃豆腐,那么还是三朋四友凑在一起有趣,"放单挡"必感索然寡味。俗谚云:"三个臭皮匠,合成个诸葛亮",良以人多有说有商量也。

五一 吃大菜

　　中国人笼统称吃西餐曰吃大菜,其实中国也有大菜,酒业馆里挂着招牌,不是有"京苏大菜"的字样吗！姑不论其中西,顾名意义,大菜云者,或指大大的吃一顿的意思。自从欧风东渐,中国人亦染上了欧西习气,穿洋装,吃大菜,亦会应用那刀叉吃铁排鸡与德国猪排了,这种分食制度,有益卫生,原足效法,只是一餐之费,每人动辄两三金或五六金,圣诞新年大菜甚至卖到十五元一客,中下阶级人士,实在不敢问津。不过另外有一种大菜,吃起来却不费分文,小帐也毋庸付得,肚皮包可吃胀。而且人人有一吃的机会,或者自己已经几度吃过,滋味特别,又辣又刺激,吃不惯的吃下去很觉难受。原来我说的吃大菜,是一种代名词,即属被人责斥之意,俗话就叫牌头。学生在宿舍里翻天覆地胡闹,在膳堂里用碗盏,更或激动驱逐教育风潮,事为训育主任得悉,马上飞来一张请帖,饬令该学生去训育处一行,这张拘魂票一到,不敢拗强,只得奉命而去,于是同学们喧传开来！"×××到训育处吃大菜去了！"闹事者被训育主任严厉训斥一顿,毫无疑义,出来叽咕着说:"触霉头,吃大菜。"此外,小职员要吃主任先生的大菜,主任先生又要吃经理的大菜。经理呢,又未尝不要吃总经理的大菜,而总经理也有被大老板请吃大菜的机会。原因不外乎办事不力,或者有犯规行为,吃一顿大菜,责斥几句,还算便宜货,若将你记上一过,甚至叫卷你铺盖,那就伤心之至了,也有吃了大菜不服气,情愿自己卷铺盖的,这又当例外。不过,无论如何,吃这种大菜,总觉扫兴无趣。

五二 走 电

上海是个繁华地方，商业因此很发达，一到了夜里更是热闹异常，家家电灯点得恍如白昼，电线交错，织密如网，而危险万状，因此不时发生走电的事，屋里的电灯线走电，立即浓烟四布，祸起于片刻，而且烧得快，救火车出动也快，一边尽烧，一边尽扑救，结果当然是损失，没有烧到的也被水打得像河里捞出来的，如果保过火险的，还没有十二分关系，顶多调查是不是真的走电，还是放火烧，走电保险公司当然赔款，放火烧不但不赔，立刻将你判下三五年官司。还有一种是马路上电线走电，电线年久失修，突然掉下来，落在地上毫无问题，如果落在走路人头上，立刻触电而死，浑身烧焦，死得十分痛苦。还有一种走电是电车上的走电，奇怪真奇怪，独有这一种走电是小问题，不烧屋，也不伤人，不过处罚几个钱事便了，走电而处罚钱，这究竟一种什么电？原来这又是一种切口，电车上卖票人说的新名词，譬如电车上卖票同开车的都有密切联络的，如某号车子开出，早已知道今天有这几个查票赤老值班，开车通知卖票，卖票已经预备怎样舞弊，这已是公开的秘密，人人知道的，查票也未尝不明白，公司更瞭如掌指，何以称为走电？车子到了一站，这一站从来没有查票上车的，想不到那弄堂口突然穿出一个高鼻头，蓝眼睛的外国查票员，这是出于开车和卖票之意外，于是票子查出，卖票员明天到公司里吃大菜，处罚几个钱了事，这称做走电，不过走电是难得的，因为开车，卖票，另外还有马路上瘪三打照呼，联络得非常周密。

五三 流线型

　　这句新名词我们不时在报纸上看见,在杂志里也时常看见,只是不明白的还是莫名其妙,不知作何解释。自从有了这名词,许多广告商都加一脚来借用他,什么叫流线型装潢,流线型烫发,流线型汽车,流线型舞厅,流线型悲剧,流线型跑鞋,流线型电灯,流线型钟表,流线型……总之无一不可称为流线型,将来甚致还有流线型马桶,流线型夜壶,层出不穷,不能称为流线型也自顾加上一个流线型名目,不当有流线型的,也美其名曰流线型,可见广告商之利用广告来宣传另有一只弓的。其实所谓流线型,着重"流线"二字,型不过是一个式样,所谓流线就是快速中的一瞬,给你看不清楚,像飞的一般打从你眼前掠过,才称为流线,如把这三个字配在一种快速新型的火车上,汽车上,电车上,才称配,故所以有流线型火车,流线型汽车的出现,他的式样是不挡风,不受空气的压制,大都尖锐,圆,扁,前进时候不受一切阻力,才称为流线型。如果把它装在装潢上,头发上,电灯上,钟表上,试问叫他如何流动,这岂不是一个大笑话,如果取他流动的式样来说,也很勉强,无非广告上的宣传罢了。我们中国人顶欢喜是样样学外国派,学得像果然是好,有得非但学不像,简直牛头不对马嘴,乱造一十七。

五四 豆腐架子

　　架子种类甚多，有花瓶架子，红木雕刻，十分细巧。有晒衣裳架子，是家庭中的实用物。有书架子，是文人学士的家产。也说不尽许多，上海人嘴里又有所谓豆腐架子者，他们可并不是真的指豆腐店里的木头架子而言。譬如老张约小李说去白相，小李推辞不去，老张很不快活地说道："难得的，勿要搭豆腐架子了。"小李终于一笑答应。搭架子的意义，本来人人知道，就是故意推托某种要求。如"架子十足"，即是架子搭得非常厉害。架子上而冠以豆腐，又是何所取义呢？说来也极平常，豆腐质地很为嫩弱，即使号称老豆腐者，毋庸咀嚼，嫩豆腐与豆腐花更不必说了只要放在嘴里一咽就下肚，所以形容软弱无力的人，叫"嫩豆腐"，盖容吃瘪他也。由之推论，则豆腐架子云者，即是架子搭得并不"十足"，亦就是架子搭不起来也。譬如老张明明知道小李生性冶游，谁人约他，正求之不得，投其所好。乃这天偏偏要装得一本正经，故意假痴假呆，老张洞烛其隐，而斥他为"豆腐架子"不怕他不服从也。

五五　红头阿三看门

　　上海场化有钱的富翁究竟还不少,几个大公馆的门口都用有看门巡捕以资保护,中国巡捕不算,还加用罗宋巡捕,一律武装,备有手枪,终日不离门口五尺之地,如果走出五尺之外,工部局章程,便要把巡捕轻则吃大菜,重则革职,严厉异常,不然叫他保护的,他倒到隔壁去搭搭汕头,一方面强盗趁隙进来,他老人家还没有知道,所以订下这不准离开五尺的一条巡捕看门章程,这也许过去有过这桩事情而才有这条名目,然而我们却很少看见红头阿三看门,红头阿三当然也是巡捕,为什么派他看门的很少呢,耶稣自有道理,原因阿三是印度人,身虽蛮长蛮大像只牛,一面孔黑胡子,看见吓煞人,应该派他看门最最神气了,那里知道很蛮,有点不通人情,大都不懂上海话,只会"茄德里,卖德里"指五缠六,人虽很蛮,却十分调皮,又会放放印子钱,所以公馆多不用红头阿三看门,除非外国人开的洋行,偶有个把拿只藤靠椅坐在门堂子里面,吓吓小瘪三,现在为什么提出阿三看门的一句新名词来说一说,只是这句话的用意,最是取得神秘而恰当的,而且不在男人嘴里说出来,却在女人口中说出来,前楼嫂嫂走到后楼问道:"后楼嫂嫂,你的先生为什么这几天不转来呀?"后楼嫂嫂笑道:"这几天我因为红头阿三看门,他不愿意回来呢。"

五六 大舞台对过

　　几个朋友聚集一淘,争论不清,张三有道理,李四也有道理,双方不肯罢休,也死不肯认错,不过正道理只一条,歪理有十七念八条,可想争论都是无谓的,有这点争的神气,不如买张晶报来看看,上面倒样样完全,采取大报精华新闻,编制得非常精彩,几篇性爱小品,每天非看不可,增加不少经验阅历,宁愿不看而五筋合六筋胀得老老高,面孔涨得飞飞红。舌疲唇焦的死争不错,一场无结果,拍拍屁股说是:"真真大舞台对过,只有天晓得了。"原来说这句话意思是:"我同你二人,一世也争不清的了,只有天晓得了。"天晓得尽管天晓得,为什么要上面加一句"大舞台对过"呢,懂的人,以为我这句名词,是多说脱的,大可不必提出来,不过报纸是大众的,也许你晓得,他不晓得,我务必要说一说。原来上海二马路有爿大舞台戏馆,从前没有翻造房屋子以前,他的门面是贴对过一家专售药梨糖果的商店,招牌叫"天晓得"的,天晓得因为没有政府注册,所以隔壁又开出一家也叫天晓得,二家争生意,都是卖一样药梨,因此你说他卖假的,他也说你卖假的,到底那一家真,那一家假,明白人不必细说。所以单指明天晓得,太没有含蓄,要打一个转弯,说是大舞台对过,不就成为一句新闲话了?可是现在的大舞台门面已经调到二马路来了,应该说大舞台后门对过了。

五七 垃圾马车

　　一个白相堂子的客人,看中了一个姑娘,同她做下夜厢,二家头困在一个枕头上,少不来细谈细讲一番,客人问女的,姓什么,叫什么,什么地方人,为什么出来吃下这碗堂子饭?做下多少日子了?这可说是一个公律,每个客人初做她的第一夜,一定要烦上这一批话,其实女的呢,阿有真心话说给你听,无非全本黄六的敷衍你,有意说得苦些,结果做客人心一软,私下塞一张黄鱼头给她当小伙,叫她不要告诉本家,过天再来做你夜厢就是,女的一想,这客人也是个半老白相人,便问他:你从前还做过别人的罢?客人道:你如何知道?女的说:我自然明白,客人说:做是做过的。女的笑道:恐怕这几家堂子你都做过的?客人说:小翠花,月月红,大嫒,香妃老四,我都做过。女的才伸手在客人大腿上扭一把道:"你真是一部垃圾马车。"垃圾用得车子,可想而知装下勿勿少少的垃圾,这位客人因为嫖女人嫖多了,嫖得烂污了,有像垃圾那样拉来都要,也称他一部垃圾车子,最是吻合的,不过这句话用场不止这一点,譬如一个人样样东西不问好歹都要,或者说吃的东西样样要吃,也可称他一部垃圾马车,不过现在的垃圾车小的用人力,大的改用汽车,已经不用马拖了。

五八 | **烂糊三鲜汤**

　　本地饭馆,有碗烂糊三鲜汤的菜,取价既便宜,东西又实惠,里面有肉,有皮,有黄芽菜,有鱼,有鸡骨头,叫名三鲜,实则不止三鲜,有汤有水的一大碗,足够二人吃四碗饭,滋味透鲜,他鲜的原因,有人说是这碗菜都是人家吃多余下来,又倒倒拢,再下锅热一热,盛出来给你吃,所以有鱼有肉有鸡,而取价极廉,其中还有筷头上的鲜味,碟羹上的鲜味,一起在内之故。更加来得鲜,也只有本地馆有这碗菜,而且吃的顾客,都是不上不下的人,妈妈虎虎的只求吃饱算了。可是把碗菜来喻浪漫女子,又是很贴配的,所以批评这个女子烂糊,说她是碗烂糊三鲜汤那样的不值钱,说她人人都可当作丈夫。只有的是钱,不论张三李四,拿出钱来,立刻裤带一松,这种女人表面上并不十二分看得出,故意做得很庄重,许多人面前再也看她不出,待到人的背后,你略为同她搭讪,便可马上搭上,比你还老举,说她是妓女,又不是妓女,说她是私娼,又不是私娼,只是一种性的放浪者,因为家庭不加约束,使之习惯,结果尽人可夫,而当面指明她烂糊三鲜汤,立刻要同你拼命,叫你指出那一个人,还是你亲眼目睹的,比狮子老虎还凶,所以这句话只有背后的指摘,没有当面指住一个女人说的。

五九 大英照会

　　上海黄包车的照会,分为大照会小照会二种,大照会又称大英照会,小照会又称法兰西照会,大照会的黄包车是捐有英法二租界的照会,可以营业二个租界的地段,小照会只有一张法租界,没有英租界,所以不能拉过洋泾浜,只得法租界一方面营业,有人在法租界坐黄包车到英租界来,他只拉你到洋泾浜为止,便把车杠地上一放,叫你下车走过洋泾浜再叫车,懂的人喊车子时候先喊:"大英照会有吗?"而后上车,致于上海真正老举,喊黄包车,在英租界喊到法租界是毋庸问得,假使从法租界到英租界,只须先看一看车的靠手两旁边,有没有两块洋磁牌子,或者车轮下面有没有吊着二盏灯的,这就是分别只有一块磁牌或只一盏灯的,就是小照会,反是便大照会。有人喻一只面孔漂亮不漂亮,也称他叫照会。说这只壳子照会倒漂亮的,或这只隔夜饭照会,这照会二字又作面孔解,如果照会下面不加上漂亮,或隔夜饭,那末面孔的妍媸,又无由分别,所以要求明白起见,就有这句大英照会的新名词,譬如称这女人邪气漂亮,便用大英照会四字来包括他,便知道是只漂亮面孔,可是大英照会的黄包车并不算少,英租界看见的都是,要求一只大英照会的面孔,倒是很少见的,我们看见的全是隔夜饭照会,就是大舞厅里面也少见,除非长三堂子里或可物色一二人,本报小花园阿七,听说非常漂亮,大约是只大英照会,过天倒要去见见她。

六〇 弹性女儿

　　女儿叫她弹性,不明白的人以为她的肉头给实,手碰上去会弹你出来,或者她胸门前一对奶奶,走起路来会一动一动,而美称她弹性,如果还不是的话,那末一定床上功夫惊人,会弹得你老高,其实这都不是,往往一般人误解到女人的肉体上去,除非肉会弹之外,功夫会弹之外,还有什么来弹人家,所谓弹性,她的性子弹人,也属费解,实在所称弹性女儿,原是英文中翻译出来的指舞女而言,外国的舞女就称为弹性女儿,也许以她会跳会踪而说,上海从前曾有部专描摹舞女生活的影片叫弹性女儿,还有只弹性女儿歌,更有家弹性舞厅,中国对这句弹性女儿译名,似还不甚流行,知的人不普遍口头上说的人更少,各报关于弹性女儿的报道,或专刊,都称为舞什么的,犹本报之舞国,东方之舞味,上面说的都是吃豆腐打棚文字绝少可代表一个舞女立场来呐喊她的痛苦的,本刊舞国里偶有这种文字发表,惜又不为读者欢迎,以为没有吃豆腐文章看见开心,其实舞女的痛苦,啥人能够知道,坐在舞场里穿得花花绿绿,笑脸迎人,回到亭子间里去吃泡粥,换破衣,做着舞票回来还好过些,吃着汤团转来只好哭一场,看看饼干筒里米没有了,只好买碗汤面点点饥,红的舞女,自然二样的,但有多少红舞女呢?

六一 扳道夫

上海的火车开出，到南京的或到杭州的，在上海总站只有一条路线，除非开到分线的地方，火车龙头才各走各的轨道向南京或向杭州，这分道的地方有一个机关，有一只木头小亭子。里面站有一个专司分道其责的人，叫做扳道夫，这扳道夫虽然是个小差司，可是责任很大，他如有差误，或者应该分道的，他不把他分道，双方火车开入一条路轨内，就不得了！两车互撞，性命交关，不但车子飞出轨外，人也要死伤不少，所以扳道夫他是司的接轨，分轨，分轨又接轨的把戏，现在这个扳道夫很时髦于舞场里面当作媒人派他用场，譬如舞女同舞客，恩爱之下有了关系，就称他龙头同拖车，龙头是指的舞女，拖车是客人，这二种人可说都是浪孟性成的，一旦有新客人，便要另开户头，抛下你的，爱上他的，或者拖车又有新龙头出现，也就把旧龙头掷开不要了，这里面种种纠葛，不是一言可喻，于是两下便要吵闹起来，吵闹又叫做龙头同拖车出轨，这时候需要从中来一个人把他们调停调停，拉拉拢，这个人就叫做扳道夫，要扳道夫来把他们纠正一下，纳入轨道上而不致再车同车互撞了。所以扳道夫的任务，有点像媒人仿佛，专门拉拢龙头同拖车的。

六二 大新公司　血汤血帝

◆**大新公司**

南京路上有四大家资本的百货公司,人人便知道一是永安,二是先施,三是新新,四是大新。为什么现在独拣出大新公司来说一说,只是又是一句新名词,举凡这里的新名词,除去老的不要外,一概收进这新语林,将来成功一部新语词典,有益上海人非浅,作者天天在外面打听,好像收旧货一样,家家去问问,人人面前打听一二句,回到报馆便低了头写。现在这句大新公司,就是双料十三点,比普通十三点,更进一层,(十三点解说见本林第七节)原来"大公司"三字并拢是十三划,"新"字又是十三划,这四字合拢就是念六划,岂不是双料十三点,药里有双料单料,这是药本上分别,十三点也有双料单料,这也是人的品行上分别,我们要批评这个人是十三点的,应该加以区别,单料或者双料。

◆**血汤血帝**

有人喻一张嘴巴会讲笑话的人,或者滑稽一等一的人,称他血汤血帝,或称血头血脑,苦思不解其原来命意,有人说会讲笑话,会扮滑稽的人,一举一动,引人笑得合不拢嘴,原是形容说者口才淋漓尽致,根据这四字解释,始近乎血汤血帝,帝或作滴,血又用噱,总之是引人发笑的,我们常听得,几个人一起喜谑,忽然大笑之后说:"这挡家伙真是血汤血帝,笑煞肚皮。"就是喻说笑的人,口才淋漓尽致呢。

六三 卷铺盖

天竹腊梅上市,大灯笼出现,眼前已是年夜岁边,大老板眼见宝号里生意兴隆,今年赚上几万花头,胸有成竹笃定泰山过年。只吃人家饭的小伙计,值兹岁边,又要提心吊胆,饭碗总算捧了一年,新春到来,未卜店中可有什么人事的变动,万一老板下一道命令,请另谋高就,那就像晴天霹雳,毫无挽回余地,只好卷铺盖滚蛋,小伙计一家一当只有一件铺盖,既然停生意,自己的东西总要带了走路,因之停生意的别名,就叫"卷铺盖"了。吃人家饭,根本没有保障。一只脚在门槛里面,一只脚在门槛外面,今日不知明日事,这也是小职员的悲哀,其实常言道得好:"只有千年朋友,没有千年东家"。只要有吃饭本领,一技之长,东家勿做西家做。"卷铺盖"呒啥希奇,东家有钱用得着伙计,伙计有本事找得着东家,怕只怕平常专靠脚膀牌头,一旦卷铺盖,铺盖就没有地方摆处,那才糟糕,这是说的做生意人的情形,还有那些莘莘学子,现在已经寒假了,一个一个卷铺盖回去,叙叙天伦之乐,原是欢喜事体,只怕学期未曾经满,因故被校方开除,只好"卷铺盖"出后门,那才叫"鸭矢臭"。

六四 白果媚眼

　　女人无以为宝,惟媚眼足以为宝,盖媚眼一个,能使人消魂而荡魄,其魔力不可谓小,媚眼是女人的随身法宝,随时可以使用,若女人有了倾国倾城貌,而独无媚眼之施展者,我不信也,今世有所谓"媚眼大王"者,顾名思义,当可知其媚眼之丰富独多。当之者必为骨酥肉麻,而致情不自禁。媚眼用之得法,可无往而不利,吝啬者,给他一个媚眼,就会把钞票一五一十数出来,视如粪土,道学先生,给他一个媚眼,也就觉得柳下惠之不近人情,赳赳武夫,给他一个媚眼,也就会不软化而自软化。足见媚眼作用之一般。然晚近市面上可有所谓白果媚眼者,媚眼之上,冠以白果两字,不伦不类,殊属匪解。经多方研究探听,始悉"白果媚眼",正是媚眼之变相,其眼虽媚而大如铜铃,有点吓人势势。伊人本欲施展眼媚以博对方之倾倒,不意徒给人以"白眼"之感觉,白眼其形正相同于白果也。此虽属媚眼之本领欠好,要也有关先天,父精母血构造了一对白果眼睛,实无法挽回,白果媚眼使人打寒噤,女士小姐有自知之明者,还以藏拙为上,省得被人家说"白眼迷眼吃勿消"。

六五 | **梅毒克星**

　　几个男子一起大谈其各人的家子婆,谈话中心一致批评人家的老婆是好的自己的老婆为什么愈看愈惹气呢。其中一个家伙却大骂自己的老婆山门,他说:"我一天来来去去,看见的女人匆匆少少,为什么个个我都看得中意,个个有使我看得窝心地方,不知什么道理,我自己的老婆,看得真真触触气,隔夜饭也呕了出来,我这样看她不起,她偏偏轻骨头,骚是骚得来我几夜没有同她一起床睏过一条被头。"当他说的时候,眼眼不巧,自己的老婆寻得来了,她躲在门外句句都听得清清爽爽,伺他骂停了后,拍达把门一推而进,而这家伙还不知道是自己的女人进来,张开了嘴说:"我的女人……"一看推门进来的,却是玉皇大帝,这一急非同小可,连忙一个屁不敢撒,而这女人发出威劲来问他:"刚刚你说的什么?一五一十招出来。"这个家伙双脚乱抖,原来却是个怕老婆的人,纸头老虎拆穿棚,他吓得一响都不敢响了,只就叫做梅毒克星,说得明白点,仿佛小鬼看见大鬼,电车上卖票看见查票,贼骨头碰着包探的一样一帖药,所以喻惧内的人,他天不怕,地不怕,只怕一个女人,背后嘴巴邪气硬,当了面完全失了势的一强不敢强,称他梅毒克星,谁说不宜。

六六 叉烧包　电车路

◆叉烧包

广色点心中有一客叉烧包,很负盛名,生意始终做不坍,凡有茶室之处,均有出卖,出笼时候马上就吃,果然不错,却是近年来因为成本过昂,茶室中的叉烧包不但特别缩小,里面的叉烧馅子,更来得少,专门出售广东点心店家,似乎好一点,但成本关系,又未尝涨价,所以也愈做愈小,没有从前的大,二客可以打倒胃口,现在非四五客不饱,有人喻女人身上也有两只叉烧包子,这两只叉烧包子,不用说得当然是一对奶奶了,现在因为叉烧包的缩小,称女人的奶奶,有改叫做鸡肉包子,鸡肉包子比叉烧包大一倍,有售一角至一角五分一只的。

◆电车路

电车路不像火车轨道那样二根铁条铺在枕木上,电车路是平坦而下凹,一个人到了相当年龄,面孔上自然有许多皱纹,这皱纹,现在有人称他叫电车路,"喂,老兄今年多少高寿?""虚度卅三。""奇怪,面孔上何以这许多电车路?"那个人不明白,急忙拿镜子一照,说道:"面孔上没有什么。"后来他一打听才知道面孔上有几条皱纹,那末老年人面孔定铺满了不少电车路线了,这实在是桩悲伤的事情。

六七 阿咪咪

　　这句闲话在女人嘴里说出更加多,尤其在小舞场里舞女,横一个阿咪咪,竖一个阿咪咪,如果是客人吃吃她们豆腐,她们立刻来一个阿咪咪,许多三点水白相客人,也马上报答你一句:"烂豁豁。"这句烂豁豁十分恶形,不雅相,简直不能入耳,有许多假面具女人立刻会追上来责问你,啥末叫烂豁豁,要你交代明白,不用说得,自然同烂污×一样解释的客人会驳倒她:"你骂我阿咪咪,我不好骂烂豁豁吗?"女人也没有话讲,只好大家扯他个平分。可是阿咪咪这句话的用意并不是像烂豁豁那样反面文程,它是包括:请你免此一举吧,请你省点麻烦吧,请你去兜兜吧,(出去兜兜见第……节)还有一种用意,便是:这种说话,你谈的勿谈,这二个不是猪头三,另有一种用意,这种人不在我眼界里,请他免开尊口。譬如:客人有调笑她的,她不好叫你免开尊口,也就说阿咪咪。意思就是我不会要你这种瘟生约,总之阿咪咪这句话用场非常大,可以处处装得上,可以处处用得着,总括一句,对你说这一声阿咪咪,它是一切都轻视你的。

六八 拉台子

　　白相人中间时常有这句话叫拉台子,这是一桩事交涉办到快结束当口,或者告一个段落了,才出来拉台子,不过拉台子的人是这桩事情派你下风,派你的错处,经过不少人讲斤头下来,经过不少人议决下来,认为该应你错的,任你天大的理由,一肚皮不服气,都没有用,要派你屈服,只好低头,待到你一低头,事情初步已告解决,第二步便是拉台子,台子到底如何拉法呢?实骨子便是要你请客,要你用去一笔钱,才甘心。譬如对方要你拉几只台子,你只好拉几只台子,一只台子便是一桌酒席,十只台子便是十桌酒席,台子愈拉得多,愈是倒霉,也愈是对方有场面,自有一批吃白食的家伙赶来吃个明白,叫做不吃是洋盘,落得吃个开胃,所以真正门槛精的朋友,情愿私底下化点钱,不愿意拉台子的,因为往往拉得豁边,一直拉出去不好收束了。还有一种拉台子吃茶的,初听听是吃茶,细细一算不逊色酒席,因为来吃茶的人,点心烂点烂吃,不能有以限制的,所以单一只吃茶台子,也要化上七八靠十块钱哩。

六九 | **丝棉被头**

　　丝棉被头真是又轻又暖,大冷天床上有条丝棉被头,足可以御寒一冬,如果丝棉被头上盖一件大衣,轻的上面压了有点份量,更加来得好,一个人赤膊,下面穿一条短裤,一困进丝棉被头,便周身暖热异常,可说滑塌塌的又轻松,无异被里生有火炉,称得上温柔二字,这几天气候忽冷忽暖,捉摸不定,千万莫把丝棉被头起去,如暖可上面不要盖大衣,益觉轻快无比。现在舞场里面很当令这句话,原来指的丝棉被头就是胖胖的舞女,大块头的舞女,很有肉的舞女,都称呼她叫丝棉被头,如果舞场打烊,商同丝棉被头一淘去开房间,这最是艳福无穷的事,那就不须要真的丝棉被头,你身边拥抱的一个就是丝棉被头了,因为一样的暖热,一样的光滑,一样的温柔,外加还奉送二只沙利文面包。

七〇 跑老虎

　　什么叫跑老虎,这句话懂的人很少,但是上海吃这碗跑老虎饭的人勿勿少少,男男女女,起码有二三千人,都是靠此为生。他们的本领都很大,而且非常扎硬。这到底是个什么行当呢,原来上海自有这一批白衣裁缝,同衣庄上失业下来的伙计,专门到衣庄叫摊上拣来顶顶起码货的摊衣,拿转来自己一动手,就成功一件新衣服,便派人到各当典各小押当店去当,朝奉先生一个不留心就要吃进,自然做这生意的人,当了给你,便已经有钱可赚,才肯脱手,否则他又包包好换一个人家去当,好得上海当典有千把家,这家当不脱手,再换一家,总有一家朝奉眼睛没有留神吃进,这种人称为叫跑老虎,为什么不叫跑骡子,叫跑马呢,原因老虎是吃人的,朝奉不留意吃进一票,将来货色满下来,发现是只老虎,就要朝奉先生吃陪账,这件衣服根本不能穿的,到太阳底下一看,有的是浆糊贴拢的,有的是一块一块并成的,有的是料子翻一个面的,有的是长衫改为裤子,有的是夹袍子改的马褂,种种名目,花样极多,做得却非常好,不能细看,不是老门槛的朝奉,决鉴别不出是不是老虎,如果柜台上当时就发现他是只老虎,立刻把衣服掷到老远地上,骂道:"操那,眼睛张张开,跑出去给电车撞煞,"跑老虎的知道给你看出毛病来了,自己非常知趣,拾起地上衣服连忙捧了逃走,屁也不撒一个。可是有几个老跑老虎的,因为一只面孔熟了,朝奉看见他来,便骂他出去:"不用进来,你这只面孔,烧了灰我也认得。"老跑老虎的便躲在门外,叫一个旁人进来,还有的朝奉劈面就骂他,他也会回骂道:"不要神气一只×,你翻翻簿子看。老实说,你已经吃进我不少票数了。"朝奉先生吃瘪,一双眼睛地牌式了,从前我住的一家三层楼上,是一个做老虎大机关,每天有不少男男女女,老老少少来挟出一包一包衣服,回来都是当票钞票,这里一共有二三十多个裁缝,专门改头换面旧摊衣。

七一　搅老三姆

　　这又是一句奇怪闲话,依语音都不容易了解,可是听有一个朋友请客,说过这句:"喂,老兄,今天你不要客气,所有的帐:搅老三姆,统统归我来会钞。"原来才听出这搅老三姆的解释是"一塌括子"的意思,一塌括子尽管一塌括子好了,为什么要说搅老三姆,这就叫新解闲话,人人欢喜学来说,以为卖洋,如果人人不这样学时髦,我这段新语林也无从落笔了,这句搅老三姆凡用到一塌括子地方,就可搬出来代表,或者"搅老三姆,一塌括子"二句并在一起用的,这样便容易使人明白。不过有许多人嘴上不离切口,不离新名词,说出来你不懂,更加得意洋洋,你要问他,关子卖得实足,不来告诉你,这批家伙市面上非常多,拿他无办法。

七二 落门落槛

　　店家有排门板的,他是早晨一扇一扇脱下,搬去下面一根横户槛,才可以做生意,到了晚上先把横户槛放平,放准确,再一扇一扇排门板装上去,排门板上写着字,东一二三四五,或西一二三四五,一扇扇挨着装,如果前后弄错一扇板,便不容易装上,一定要挨准,才一拍就上,这就叫做落门落槛,可是现在一般人把句话来代表老门槛,老举,你毋须在我面前调得枪花,我一看就明白,也叫做落门落槛,譬如托一个朋友去买一件东西,这个朋友背后揩他的油,虚报多少多少,满意以托的人总不会去调查的,眼眼托的人门槛比你还精,老早打听好市面,知道什么价钿,不容你揩油,结果事情穿绷,这也可说:"大家都是落门落槛的,背后还揩我油,阿不漂亮之至?"还有电车上卖票员,卖到一个趁客,他是打从火车站上车,车子将到偷鸡桥,才轧一张票子给他,吩咐他,如果查票上来,说是垃圾桥上车,这样不是油已稳揩进了,岂知查票员眼睛非常亮,看见这客人坐得很进,海宁路上车的许多人反而没有坐,这不奇怪,便问客人:"喂!火车站上来的补票。"客人本来是出的火车站上来的票价,而卖票员给他的票子已经不符了,再叫客人补票,当然不肯,也不犯着做好人,代卖票员瞒得过,便照直讲了出来,查票员才有把握的说:"如何,如何,这二个真是落门落槛,你们趁客想想看,在这张票子上揩油三分,我又查到,该死,该死,卖票子的到公司这样二次以上,就停生意。"

七三　钳伊出去

烧起饭来,要加煤,要加柴,要加炭,都不用手去拿的,大致用铁火钳,把柴或炭钳着到灶肚里去,那末一把火钳用场颇广,不但可以钳柴钳炭,还可以派它其他用场,举凡一切脏的,不能用手直接去拿的,都用这把火钳来钳,譬如一只死老虫,也用火钳来钳,由于这上面推想出去,就可以把这句话来对付一切坏人,不能直接谈判或打架的,统用这句"钳伊出去"为最时髦,且说,二个小抖乱来捣蛋,或者小白相人来寻事,预先派好一二人在屋里,或者自己可以挥二拳的,一待坏人进来,就立刻钳伊出去,这钳伊出去,看看字面,何等很,何等神气,你来捣蛋,不但不放勒心上,只当你是一只死老虫,一堆垃圾的无用,随随便便,钳你到垃圾桶里去算了,比横伊出去,比打你出去,生色万倍,不过说得这句话,人也要狠,千万别让来的人反把你钳出去,这才笑话了,还有二个人相骂,旁边一个人出来劝和,相骂的人忽然咬劝的人一口,说是要你多管闲事,拿他皮皮叭叭骂一顿,这不是叫钳伊出去,这叫做钳牢伊了,钳牢伊就是目标专移到他一人身上,寻他的事了。

七四 | 海 参

　　酒席里用的海参,在没有用水发开来之前,又黑又难看,像只死人×,一经发过之后,便烂糟糟的,软绵绵的,一无用场,一进到人的嘴里,咬也毋须咬得,一吞就下肚皮了。它的质地又糯又滑,所以象牙筷拑不起海参。有人喻上海人的阿木林称做"海参",阿木林,阿土孙,洋盘,不尽是乡下上来的,上海本地方多得势,我们要把它加以区别,上海的洋盘,就应该称他"海参",因为上海有一个海字,海参也有一个海字,这就是上海的阿木林同乡下阿木林分别之处,讲到海参这东西,实在象征上海的阿木林,却是非常恰当,没有用水发开之前,不是石骨硬的一根,便是说他没有做一趟洋盘,神气活现,老三老四的,谁也要当他是个老举,老上海,可是一经穿绷,这个家伙全本猪头三,一无用场,这就是海参已经用水发过之后了。

七五 向字头

　　现在向字头的女人真是盛极一时,上海角落四处都有她们足迹,原来这向字头的女人到底是一种什么女人呢,可以包括野鸡的变相也有,淌白也有,人家人也有,女学生也有,吃汤团舞女也有,乡下上来的也有,真是包罗万象,各色各样人等都有,何以称为向字头,这是她们都吃的向导社饭,所以有这一句新名词,说起向导社在外国,真是大都市里一种极高尚的职业,专门领导外码头上来的陌生客人,指点他到各处游历,或采办东西,所负使命,实为推进社会文化一大帮助,可是一介绍到中国来,完全改变了一个面目,什么叫向导员来陪你喝酒,陪你跳舞,甚至叫到旅馆里去烂糊调,摸奶奶,睡觉,我曾叫过一个向导员来问她:上海有那几家图书馆,请你领一领我去,岂知她如何回答我:不懂,不懂,我只知道客人叫我去开房间,原来上海的向导社里的向导员是这一批混蛋,所以工部局要取缔,这简直是妓女,现在他们索性拉碎了面孔,改一个歌女社的名目,实行另碎拆卖办法,然而向字头的女人,永远是比一个妓女还不如!

七六

皮蛋色

　　皮蛋颜色灰暗而皮有光彩,仿佛象征着前途一片灰色,见不到一线光明,这就是说一个人到了倒霉晦气当口,额角头上自有一层灰暗之气笼罩着他,不但他自己有点明白,就是人人一望而知这家伙近来正在倒霉时候,往往都不肯接近他,以免晦气星过上身,可是有一批人相起骂来,他不管你额角上灰不灰,拉起来便骂:"你自己镜子里照照看,额角头上皮蛋色。"那个被骂的,真的回去照照镜子,并不皮蛋色,才知道骂他的人在咒他。我们中国人都有这一种心理,巴望别人倒霉,让他自己升官发财,巴望别人早点挠辫子,朝黄泉路上走,让他自己到一百岁也不死,脱壳为止,这皮蛋色三字也是骂人家早点倒霉,并不是真的人的额角上皮蛋色,假使成皮蛋色,阿难看不难看,还可以走到外面来,不要吓坏人?

七七 蝉螂头

　　上海有一个已经挠辫子的大亨,叫做黄楚九的,他创办过二百多种名目的事业,曾经说过这样一句话:"上海遍地皆是黄金,只要你有本领去拾。"可想而知上海确是个有钱好地方,角落四处都于黄金,只是你没有本领去收拾也是无益,所以有本领的人,到了上海果然不会饿煞,就是没有本领的人,到了上海,只要肯去发掘黄金,自也不会饿煞,上海有下五六百万居民,难道个个都有事做,而奇怪的都没有听见有饿煞的人,除非他抱的消极思想,才走上死的路,除非懒出蛆来的流民,天寒地冻时候,把他们冻死,除此以外,没有听见有饿死的人,这为的什么,只因有职业的人果然乐其业,没有职业的人,他会摆摊头,做小生意,拉黄包车,最次一层的,他会拾垃圾,拾蝉螂头,照样可以安逸的过着太平日子,我现在说的拾蝉螂头,原来就是拾人家嘴上吸剩掷下来的香烟头,也就是黄楚九说的黄金,上海一天至少有百把万人在马路上奔来奔去,这许许多多的中间至少靠十万人吸一枝香烟赶路的,那末掷在路上的蝉螂头也很可观了,只是几百个人去收拾,还是分派收拾不了的,他们每天出来只须沿马路走走好了,看见蝉螂一弯腰,立刻到自己盒子里来,最是便利容易不过的,拾来后,马上交行到专门收这票烟头地方,(拆做香烟)每斤可得大洋四角,一天拾三斤,就是一只多羊到手,他的生活不但可以解决,而且还可看本把宁波摊簧,或者绍兴戏,调剂一下身心哩。

七八 大英法兰西

　　大英指的当然英国,法兰西就是法国,这二个都是大强国,政治手腕从不肯让过人,现在为什么把这二个国度拉拢一起,不拉美国,德国,俄国下去,原因在上海这块中国地方,有下他们两国的租借地,签下九十九年的租界条约,让给他们国度里人来经商,又称为外国同中国通商之埠,准许他们来做生意,我们中国人不是不会做生意,为什么要他们外国人做生意,只也是国×之一,这不在话下。且说大英租界又称公共租界,除法国外,美国,日本,等等都有挨一脚权利,独有法租界一国独自经营,别人不得染指,行政上也不同英租界合作,一切都不合作,法院也二个,简可称各自为政,他们是一条爱多亚路为分界,靠南边半条爱多亚路为法兰西租界,靠北面半条为英租界,双方有起事来,或者戒严起来,双方都在这条路上断绝交通,扎起铅丝网,筑下战垒,架着大炮,排起机关枪,都是瞄准英租界,英租界自然也不肯示弱,也照样排枪架炮瞄准他,其实这中间是一条马路,两边尽是大商店,大银行,大旅馆,却苦的夹在中间,哭笑不出,万一有起变故,开枪发炮,岂不是两边店家首当其冲,但看这一点形势上,大英同法兰西两下是各管各,大家不相往来的,只不过隔得一条马路,难道就闯起变故不成,都不过是何神气活现摆在脸上,我也不得不神气活现摆在脸上,大家不肯就扎台型罢了,所以才有这句名词,"大英法兰西,大家不来去"。名词是可以活用,譬如我同你两人没有什么往来,无论交情上,金钱上,生意上,都可以说:"阿拉大英法兰西",听者就明白你们私底下没有往来了。还有一点补充,英租界就英租界,为什么上面要加一个大字,法兰西为什么没有加一大字呢?据说这都是一批拉黄包车夫拍马屁,自称为王,他的车子有一张英租界照会之故,动不动"阿拉有大英照会"的,便无形中说出来了。

七九 抱　腰

　　老法接生,产妇临盆时候,守生的产婆要抱住女的腰,使她不致跌倒,婴孩便打产门里一个筋头翻了下来,这叫做抱腰接生法,可是自从医院里接生以来,统是躺着,生产的,没有站着抱住一个腰生产的,孩子不能由上而下,似乎比较慢一点,而绝少危险性却是实在的。但是抱腰这句话,在上海的用场,完全不在生产孩子的上面,他的用场非常广而又非常有吃斗的有实力性。譬如:二个人出来做一票交易,一个富于资财,一个却力有未逮,这没有力量的人,旁边便插出一个人来说:"喂,老兄,勿碍,你尽管去做,我来抱你腰。"这也是抱腰,不过这抱腰不像产婆抱那产妇的腰,这不过是一种名目,金钱上帮他的忙而已,可是又可以把他装到打相打的头上去,二个家伙打相打,一个吃瘪打败,旁边人看不入眼,拼命鼓励他再上去打:"喂,老兄,什么话来,看样子你又不是打他不过,打呀,打呀,我来抱你腰。"这也叫做抱腰。说到抱腰的事,不是三言二语可以毕我词的,做官的人要保荐一个自己的亲友在国府里做事,也叫抱腰,他因为有了有力的人抱腰,旁人碰都不敢碰他一下,这就是抱腰的扎硬,所以旁人可以把他辞歇,有人抱腰的一时不好意思歇去,由此推想到一个小店里的职员,甚至练习生,都莫不如此,尤其现在的时世,没有人抱腰,单靠自己打出一条路,能有几个?

八〇 捞横挡

　　大致公开的要人家一件东西，或者一笔钱财，都是靠血汗去换来，堂而皇之名正言顺的取，决没有称为捞的，要晓得捞的一个字，十分难听，不但不漂亮，而且有点近乎不光明，混水里捞鱼，也称捞，这就多么难听，何况这捞横挡，比捞鱼更不雅相，什么叫捞横挡，就是你信托他去办一票货，付他多少国币去买办，他看见你重托他，以为你决没有旁的疑心，他便在买办的上面虚报一笔花账，明明十块钱的，他开上你十三块钱，这三块钱就是他的好处，也就叫做捞横挡，我们如果不叫他捞横挡，就可说揩油，他私下占一笔不公开的车马费是也，还有奇怪的，捞横挡也有公开的，明打明同你讲定当，我要捞多少横挡，要这样，事便拍胸脯包你干下地，否则不必去谈，对方答应得而且很爽快，这是什么道理，大致是一桩含有敲诈性的事情，或者自己解决不了，经过了白相的人手，才会这样办理，还有一种称为横头钱的，类乎捞横挡，却是名正言顺的可以拿了，这是介绍一个妓女到堂子里来，言明多少身价之外，另加一层横头钱，一百元拿十元，这是介绍人到手的，所以一样有个横，而没有上面一个捞字，就比较正当了。

八一　拉拉场

　　过房爷在过房女儿面上实在化了不少钱,不但化钱小事体,还把过房女儿引得邪气骄傲,处处地方在过房爷门前撒娇,要这样要那样,当过房爷是一只无底洞的钱庄,予取予求的永远拿不完,有一天为了一桩小事体,要过房爷袋里一只打火机,过房爷说:过房女儿要,一定可以,不过这一只我自己放在身边吸香烟要用的,明天我替你照样买一只新的吧,过房女儿从来没有碰钉子,心想我现在要你这一只,你为什么不给我,给你一点颜色看看,便面孔一扳,忽然坐到位子上去了。原来这过房女儿是一个舞女,过房爷是个有血的舞客,只不过嘴上叫得很亲蜜很好听罢了,待到过房爷下去同她跳舞,过房女儿忽然打了二个回票,过房爷这一气非同小可,连忙跑出了舞场,从此不再做洋盘,一连几天没有去,过房女儿失了一个恩客,也一连吃了好几天汤团,才心里作急起来,舞场也不去,天天在外面寻过房爷,友人们知道了这件事,吃她豆腐道:你要过房爷可以的,我们告诉你地方还替你拉拉场,不过你先要我们面前落一个跪。果然由于他们一拉场,过房女儿同过房爷又言归于好了。这就是拉拉之功,拉拉场原来就叫做劝劝和太没有台型了,事情岂可以劝得好的,只有拉拉场,双方都不失面子,才会讲得和,这也是上海人死要面子的地方。

八二 小抖乱

上海场化虽大,可是有下不少小字头的名目,譬如小瘪三,小先生,小开,小鬼头,小郎,小娘×,等等,现在我说的小抖乱,也是小字头里的一种,何以称为小抖乱,顾名思义,当然可以明瞭,上海四马路,同仔五马路,六马路,还有泥城桥一带,独多了这一批小抖乱,短衫打扮,胸门前一排又密又小的钮扣,点点至少有二三十个,袖子管细得像个竹筒,领头老高可以碰到面孔,下面一条裤子,不论天冷天热,总是把裤脚管,用枇杷带一缚,拖下二个宕头,一双元色缎子夹鞋,口浅得像个女人穿的,头上一顶瓜皮小帽子,歪戴着一边,一支香烟衔在嘴唇皮上,走起路来总是摇摇摆摆的,二三人一起,有时四五人一淘,开口脱不了"操那",闭口脱不了"操那"。三句闲话中倒有二句半"操那",有人说这便是小抖乱,无疑的小抖乱,就是小流氓,他们既不务正业,靠点什么吃用开销呢,原来他们自会东敲榨西伸手要钱的寻回来过日子,譬如店家开幕,没有上招牌,他先上来要钱,否则他可以同你滋扰不清,竟然不许漆匠司务把招牌吊上门面,譬如人家婚丧喜庆,贺客没有到,他先上来要喜封,起码二块钱方可打倒,有的五块六块开口得出,这一批小抖乱有组织,也有拜老头子的,都有一定地段寻好处,他们最怕的便是捕房里包探,看见包探来了,性命也没有了,只要包探喝一声,连忙唤爷叔,一边连忙逃走,他们不怕巡捕,巡捕有时还吃他们的亏,上海有下万把小抖乱散布四处,四马路五马路不过是他们常常接头地方。

八三 | 蟹　脚

　　蟹称为无肠公子,又见它走路横行的,上海人吃起豆腐来攀谈,说是:看你横行到几时,结果一只一只缚它起来,放在锅子里,烧开了水蒸它一蒸,供人下酒,这又仿佛一个军阀的下场,无有好结果的,可见蟹之能横行,全持了两旁边几只脚,脚爬得快,中间一个蟹肚皮也跟着爬得快,蟹肚皮可以称它大亨,因为他妈而虎之的一些事不干,动也不动,完全坐享权利,蟹脚可说是他手下小喽啰,耀武扬威的,靠了当中肚皮的牌头,横行世上,所以有人喻包打听手下的人称他蟹脚,完全一丝一毫不差的,原来包探他是捕房里尽侦探工作的公务人员,一桩案子发生,几人之力,当然不够,自必手下常年用好了一批小喽啰,分头出去打听,一有可疑,便来报告,只因小喽啰资格浅,靠了上面牌头,不免在外面神气活现的摆架子,招怨之处自是可能,独是包探资格既深,一样走出来,非常和气生财,即使对你有可疑,他很客气,请你喝酒吸烟,一点一点把你案子骗出口供来,所以有句老古话:判官好白话,小鬼就难当,包探手下的小喽啰,一如小鬼之难当,这比喻他蟹脚,的确很切合,这是资格问题,也是教育不普及现象,蟹肚皮何尝不明白,可也管不了这许多,所以有的老蟹脚也就二样的,走出来同蟹肚皮一个派头。

八四 邪 气

郎中看见初起的病人,脉案上大都开的"风邪外袭"一类句子,邪原是一样看不见,对于人最不利的东西,非但看不见,也捉不到,一个人明明好好的,忽然会跌倒,不省人事,口吐唾沫,迷信讲这叫做碰了邪神,马上要化纸锭,邪神到手了贿赂,就可以离开病人身体,到别地方去了,其实那里有这一回事,风邪入内,果然有的,邪神附身,便是鬼话,忽然跌倒,这是属于中风一类的病,或者血管爆裂,也要突然跌倒的。从前有一种教,叫白莲教,又称它邪教,这仿佛有点近情,大致想入非非之事,人力无法办到,邪教可以做到,因为这原因,无以名之,只好推他到邪路上去。想不到上海有一句叫"邪气"的名词,不知何从出典,只知其用场,他的解释:便是"甚为""十二分""许许多多""不堪""非常""了不得"等,譬如:你这个人十二分和气。便可以说:"你这人邪气和气。"这样东西非常满意,便可以说:"这样东西邪气满意。"这东西最坏,便可以说:"这东西邪气坏。"由此推想上去,这邪气两字用场甚广,不过只有上海人明白,如果用到外码头去,人家一定莫名其妙,不知说点什么了。

八五 | 咸肉庄

　　上海有下不少五花八门的生意经,也自有这许多五花八门的人去白相,单讲堂子一门,除了长三,么二,淌白,野鸡等等之外,还有个叫做专门零碎拆卖的咸肉庄,这当然是堂子的一种名称,为什么不叫鲜肉庄,索性取上个陆稿荐招牌,多么不好,想来这自然有原因的,只因旁的堂子,除了野鸡之外,说到陌里陌生的客人上来白相,马上要做一局,是办不到,唯有咸肉庄便打破这一难关,随便陌生客人上门来,看中了这姑娘,立刻可以开火,而且规定价目,欺众不欺一,最是爽快不过的,因为这个道理,犹如斩咸肉,擦塌一刀,拎了便走,你有钱一连斩几刀都无不可,喻其最最称便,实是求是之故,所以庄上的女人都称做咸肉,这个女人好不好,称这块咸肉新鲜不新鲜,还有人家女人,私底下偷避子出来到庄上抄小货寻野食,这叫做人家咸肉,还有长三上女人上庄的,这叫花上庄,这便没一律定价,看客人打发,敲得出敲不出而定,听说现在许多红舞女的出息,远不及咸肉的进帐好,有的每月四五千,听听吓煞人,到底如何有这好进帐呢,据老于此道的人说,一块咸肉,生得头跳的,一天要接十念个局不为奇,下半夜还有夜厢,现在样样涨价,咸肉自然也要跟上涨,从前一个局叫名三元六角,另碎搅老三姆在内一张黄鱼头足够足够了,现在一个局至八只羊十只羊,一个夜厢二三十元不足为奇,次货当然没有这俏价,替她想想,一天进帐可观不可观,所以现在咸肉庄开出勿勿少少哉,这样的发达,也足以惊人的,咸肉有此俏价,真是意想不到,可见上海淫业发达一般,也是这一次战争之后,自有一批发横财的家伙把她们抬高来的。

八六 咸肉草绳

昨天说的咸肉庄一个大概情形,今天说的咸肉草绳这新闲话,不懂的人咸肉草绳只不过一根草绳,买起咸肉来总有根草绳缚牢的,因为这原故,白相咸肉庄的人就新发明了这句闲话,大致这个客人同这块咸肉最称热络十分恩爱,三不二时去斩她几刀,连她几个夜厢,有如长三里的老客人了,钞票只当锡箔灰的烂化,五十一百不放浪心上,这一种人就称为咸肉草绳,因为上店斩了咸肉,没有草绳缚牢,不好拎回去,岂不是草绳之同咸肉最最恩爱了,二人常常在一起的,有的店家斩下咸肉,称起斤两来,连草绳也要作肉价,草绳跟着也有面子,所以没有资格,做不了咸肉草绳的,第一是要有钱,尽你在肉面前挥霍,一个月化上几千块钱不算一回事。第二要有钢骨水泥身体,至少那东西争气,不然双方都没有兴子,便够不上草绳资格,一点一点自会淡下来。第三要有勇气,即使那东西出了毛病,要明白这是免不了的常事体,不算什么,马上请朱如帆医生打二针,一待痊愈后,再接再厉,不怕第二次第三次第四次再打针,甚至开天窗都所心愿,而同肉恩爱到底,我想上海不乏这一种人,也不乏这一批草绳,当局要恨起来,取缔咸肉的话,同时也要把这一批草绳斩斩断,才是除根之道。

八七 | 砧磴

　　前天说咸肉草绳,现在又有一句同草绳相反一个意义的,称为"砧磴",斩肉岂不是下面有块树桩那样东西垫着的吗? 就是这个东西,叫做砧磴,不但是斩咸肉斩新鲜肉时候用得着它,就是家家户户厨房间内都有下这块东西,有的用树锯开来的一段,有的一块板,又称做砧磴板,草绳是专门在咸肉面前挥霍金钱的,砧磴是专门搜刮咸肉身上的金钱的,手段之辣,真是有如砧磴那样斩肉下来一点细微肉粒屑,他都要,不肯放弃,砧磴分二种,一种是白相咸肉,他根本不要出一个钱,而且还从咸肉身上括一笔钱来,这种挨咸肉血的本领,自然不是人人都会,当然同咸肉有下极深刻的交情,而才受到肉的倒贴,这同公馆里少奶奶姨太太倒贴汽车夫戏子一个路道,并不稀奇,只是他用如何手段会使得肉来倾心,爱慕,情情愿愿把血肉钱来倒贴你,惹你安安逸逸做个砧磴,所贵者就是这一点,第二种砧磴便是开庄的老板了,老板雇了伙计,原是赚钱的,包来一块咸肉,化上洋钿好几百,将本求利,他自然穷凶穷恶的要搜括肉的血,肉的粒屑,一点也不肯放松了,这一种砧磴最最辣手,可说一家门大大小小,阿偱,媳妇等等都困在肉身上过日子,一块肉二三年一做,有的只一年多点,也就黄泉路上去了,可是砧磴身宽体胖,像只猪一样,心一点不为所动。

八八 紫级

社会上的红人真是匆匆少少,有的已经出名的,大众都知道,有的出名而只不过一部份人知道。这里的分门别类,决不是三言两语可说得完,譬如银行界有银行界红人,投机事业有投机事业的红人,做买办也有做买办红人甚,做粪生意的也有红人,倒垃圾的也有红人,小瘪三淘里也有红人,最近的二枪送命红舞星,红得发紫的天然美人陈曼丽,这也是舞女界里头把交椅的红人,所以上海的红人特别来得多,要比别地方更多,这也是上海畸形发展之一,可是红尽管红,红的不发紫,还是徒然。好像一桩事只做到九折道成,还没有十分实足,所以吃亏者只差这一成,我现在说的这"紫级"就是已经达到十分实足的红人了,原来他已经舍红而跃上紫的地位,所以有说这家伙红得无可再红了,已经发紫了,就是这道理,红人果然上海滩上要多少,可是要找出几个"紫级"来,却颇非容易,我们耳朵也没有听过,眼睛也没有见过,除非几张报上捧舞女,捧得热昏搭仔邪的,说她红得半爿天,红得无可再红,简直发紫了,可是到底红得发紫没有发紫,又不是一朵花人人会看得出,归根结底还是写的人烂捧一阵。红到底是要摆出颜色来给大众看的,遑论到紫了,一人烂吹牛有什么用呢?

八九 三向头

前写过一则向字头,说的是向导社女人,这里的三向头又是一种名堂,表面看,似乎同向字头完全不相干,可是事体不能拆穿,现在的向字头这样的腐败,里面免不了有三向头的女人,说来也许过了份,上海的黑幕,层出不穷,无奇不有,如果诸位不相信,不妨可以喊一个向字头的女人来,关了房门当面一试,才可以相信的了。原来什么叫三向头呢,就是专供男人泄欲的女人,而这女人竟有三处地方可以供人派用,本来这种卖淫妇,也只有私底下秘密营业的,她不能公然出来拖人只有懂其路道的男子。辟了栈房,叫茶房去叫,才偷偷避避的出来,有时竟喊不到,生意居然非常好,这一种白相,可说极人间惨酷,玩的人也下得落辣手,所得到结果,不用说得,带来一身梅毒,横痃,这是玩了三向头之后的三色赠品,到了医院里开刀时候,躺在病床上:"天呀地呀娘呀!"乱叫,才懊悔无及了,本来谁喊你白相得开心的。

九〇 桥 头

这桥头两字,拟的人相当聪明,不说桥畔而说桥头,上海桥的名目又多得了不得,有的真有桥的,如外白波桥、二白渡桥、四川路桥,有的有桥其名而无桥其实的,如偷鸡桥、打狗桥、三洋泾桥等,现在说的桥头,虽然是混号的一句,而内行的人,就可以明白是指的那一条桥了。这已是成了个专名词,原来指的就是八仙桥,说起桥头两字,便知道是八仙桥了,这桥头究竟有下些什么东西?那里有布店,有小菜场,有戏院,有银行、邮局,其实这都不是的,指的桥头并不是这些,拆穿一句,那里就是咸肉堂子的大本营,所有盛名的咸肉庄都开在那里,当然这也是上海咸肉的发源地,正式大门口公然点起有记号的门灯,写着什里号什么记的都是。考一二十年前的咸肉庄,并不开在八仙桥头,都是大世界左近,不挂门灯,不捐照会,完全私做,后来有个松江妹妹,带了一两千洋钿,到上海来包了几个姑娘做这生意,门面撑得老大,便在八仙桥上做得很发达,可是没有多年,吃这项饭的总没有好收场,松江妹妹一个运道不好,弄得一败就败到底,自己便也流为瘪三,听说现在没有死,在马路上跟熟人做伸手女将军。这也是桥头一段小掌故。时至今日,上海原是个肉欲世界,桥头的咸肉庄,开出不下有百把家,咸肉至少五六百块,其中甚为走红的出息远在红舞星之上,单一块肉每月收入数千元不稀奇,听听真是吓煞人。

九一 吞 头

　　一个头岂可以吞得落,为什么叫吞头,除非这个头绝细的,那末绝细的头一口至少也可把他吞下几个,好像吞丸药的,吞人丹那样的,岂不一次一二十粒也可下喉咙了,实则吞头这名词分二条解说,一个果然吞的,一个并非吞的。"喂,老兄,我周身难过得实在不好过去,请借几个钱,让我去买一点吞头吧。"这就是关于吞的,周身难过不好过去,要吞头,不用说得这家伙一定是个蹩脚生,雅片烟瘾来了,要借钱买点烟泡之类来吞一吞,周身就好过些,这也说得似乎很漂亮的,不言烟泡而说吞头,因为明明说穿了烟泡,人家不肯把钱借他,说了吞头,他可以辩得转来,说是买点代替品吞吞,正可借周身难过,买一包痧药吞吞,买一包人丹吞吞,不是人家不去注意他了。第二种解说吞头焉者,就是一个人的一付外表,也称做吞头的,譬如你穿得邪气漂亮挺括,人家背后便说:"哼,这家伙近来不对,一定那里捞了一票横财,所以阔天阔地,这一付吞头一看路道就不对?"然而吞头也可以活用,可以把它装在蹩脚生头上,说是:"不对了,这家伙何以蹩得这样快,一付吞头,简直不能入眼,怕得可以。"这是说坏的方面吞头,总而言之,吞头只有这两个名目,不是真的吞下肚,便是一个人的外表,除此以外,一无用场,不过发明人,还是属于吞烟泡方面的大部份,硬碰硬,这到底是吞下去的,否则叫吃头好了。

九二 茄 门

"茄门"这两字来源实在费解,我想来想去想不明白。有人说这扇门里出五茄皮酒的,称为茄门,总觉不合逻辑,又有人说:这是句印度闲话,是"茄德里妈德里里"的速写,不是速写,便是化开来的,那末这茄门用的人都不当他骂人说话,我同他很和气,他也有时说茄门,足见这并不是骂人,后来经我一研究这是句没有意思的,没有意思,譬如:我对这桩事无兴趣不愿意去干,便叫"茄门得来,茄门得来。"茄门得来,就是不上劲,不上劲就叫茄门,有的人对这句话,下面还加上一个字,叫"茄门相",加一个"相",意思也是一样的,可是把茄门两字更加衬托起来了。

九三 告地状

　　两人相起骂来,一个把他骂得狗血喷头,一个骂他不过,只得喊冤枉,拖他去罚咒,那个便骂他:我冤枉你,你到阴间去告地状好了。这句告地状,为什么有个地字呢,只因阴间的世界说是在地底下,下面一共有十八层地狱,一层一层下去,都有的是判官,阎罗王,专司一个人死了之后,一切未了纠纷,阳间冤枉之事,一到了阴司就把你平复,洗刷明白。所以那个人拼命刻毒的骂他,当然他有下了坏处,一方面有口难辩,只说冤枉,那末也唯有到阴间去告地状了。语带双关,不好意思叫你去死了,在判官面前伸冤吧。想不到这告地状一句话,并不在阴司而在阳间,并且我们可以天天看得告地状的人。

　　这一批告地状人民,要算虞洽卿路以及大世界附近一段水门汀人行道上最多,他们告地状分二种告法,一种是用纸写了一大张"受难人民一段经过,摊在地上,四角用小石块压住,纸的中央故意掷着几个铜板,现在铜板没有,就改用分头票,自己告地状的,双膝跪在地状边头,有的假扮着哭,有的闷声大发,低了一个头不做声,忍耐功夫之深,真是见所未见,这一批人民,大都是老头子,妇女,老太婆,间或带一个小鬼在旁边,一齐来告地状,说是父子两家头,或是母女两家头,不过他的目的在告地状,十二分漂亮,并不钉梢钉在人家后面讨债,这一批人说是真的难民,决不可靠的,不过告地状收入相当的好,所以依赖他成为一个职业了。第二种是用粉笔在地上写上一大块文字,写得个个端正,非常之好,还有翻成一篇英文的,预备向外国人告地状,他不说难民,只说某某中学毕业,一常失业在家,无以为生,只得仰求大人先生,诸位君子,本人类互相爱助之旨,慷慨解囊,等等一类成语,聊成一大篇,自己便站在旁边,并不跪着,路人掷钱,他伸手来一拾而入袋,十二分写意,这一批人大都青年,小伙子,没有老头子,也没有老太婆,其实上海黑幕重重,那里会有真的难民来告地状,中学毕业生来告地状的事,原是一种骗钱的滑头把戏罢了。

九四 金少山

　　金少山是个优伶，人人都知道，想不到他的大名现在有把他派做一句新名词，这也是上海人挖空心思想得出的，原来金少山三字同音斤少三，一斤少去三两，是多少，这不是十三两吗，十三两就骂人家叫十三点，不知如何关于十三点新名词中非常多，过去本刊已经写过不少，想来已经人人知道，不以为奇，务必调点名目来说说，使得骂了你，你莫明其妙，这金少山三字用意，如果不在这里说明白，听的人死也不知道的，然而骂你的人老早走。

附 篇目笔画索引

一百○一件 43
二百五 162
八月之花 174
十一 142
十一号车 204
十三点 71
十四挡算盘 165
三向头 261
三点水 202
上海啤酒 173
叉烧包 238
大令 40
大英法兰西 250
大英照会 231
大新公司 234
大舞台对过 228
小儿科 76
小开 111
小抖乱 254
小放牛 64
小脚色 86
门槛 88
飞洋伞 189
元宝 92
六路圆路 184
天晓得 150
孔子 17

开心 157
开条斧 91
开汽水 8
开房间 121
开苞 104
开荷兰水 193
扎台型 193
水头 83,211
牙签 199
牛吃蟹 160
王三和人 168
邓禄普 11,186
丝绵被头 241
出风头 122
半吊子 203
去兜兜 219
台型 80
打切口 107
打气袍子 16
打呵吹割舌头 167
生活 77
生意浪 132
甩水 213
电车路 238
电疗 181
电话听筒 179
白板对煞 65

白果媚眼 236
皮蛋色 248
石子里迫油 148
龙头与拖车 180
亚开 55
华容道 101
吃大菜 223
吃价 68
吃汤团 26,109,180
吃豆腐 185
吃戤饭 153
向大人 4
向字头 247
戎囊子 31
扛木梢 59
有血寡老 61
毕德生死 213
灰钿 54,215
红头阿三看门 227
红面孔 90
老大 129
老虎皮 97
老蟹 119
自说自话 137
血汤血帝 234
行路训子 37
过房爷 50,112

过期派司 194
邪气 79,256
阳春面加念 174
亨头 216
伸梢 33
作死 143
初一量米廿八吃 182
吞头 263
告地状 265
坐飞轿 209
壳子 110
寿尔康 212
扳道夫 233
把脉 169
抛顶宫 191
条里麻子 188
求签 201
沙壳子 215
花瓶 214
豆腐架子 226
赤老 73
走电 224
阿咪咪 239
阿姨 149
阿迷迷 141
阿桂姐 35
麦克麦克 48
单面头照会 194
卖老 67
卖屁眼 74
卷铺盖 235
垃圾马车 229
抱腰 251

抹桌布 176
拆牛棚 135
拉台子 240
拉司克 217
拉拉手 105
拉拉场 253
拍笋头 94
拔短梯 60
拖黄牛 198
拖黄包车 186
招牌 78
放单挡 222
朋友 106
狗比倒灶 151
现世报 113
绍兴 23
肩胛 69
苗头 195
苗头九十六 53
茄门 264
转弯抹角 154
郎中 82
郎德山 147,197
金少山 13,266
金钟罩 103
雨夹雪 116,208
俚先生 156
南北开 39
咸肉庄 257
咸肉草绳 258
哑开 221
拜年帖子 85
洋泾浜 70

洋铁罐头 203
洒狗血 42
派头一络 15
烂糊三鲜汤 230
玻璃杯 206
玻璃银箱 196
砍招牌 22
茶花女 207
荣生牌 218
药水小开 34
虾米 197
迷汤 138,199
钟派 136
面包 177
香港饭店 210
剥田鸡 20,118,191
剥猪猡 190
哽喉咙 161
席梦思 185
徐少甫门人 183
挨血 200
捉乌龟 63
捞毛 100
捞混水鱼 212
捞横挡 252
桂花 108
桃色 140
桃花运 124
桥头 262
泰山 45,95
流线型 225
海参 246
海派 127

烧长锭 99
烧香头 120
热络 139
砧磴 259
绣花枕头 155
臭盘 49
赶猪猡 192
钳伊出去 245
鸭屎臭 163
勒煞吊死 146
圈子 89
弹子壳子 204
弹性女儿 232
排三和土 200
排骨 66
排骨四喜 25,179
接财神 93
掼纱帽 189
梁山泊 114
梁新记 175
梁新记牙刷 152
梅毒克星 237
维他命 M 182
脚底搭油 84
象牙肥皂 184
黄牛 6,181
黄河阵 166

黄鱼头 178
提鸟笼 216
握空 158
搅老三姆 243
搅过明白 87
搭壳子 187
搭浆 72
搭甜头 202
硬伤 44
紫级 260
落门落槛 52,244
落路 128
装胡羊 30
越界筑路 192
跑老虎 242
跑香槟 145
道地 133
酥桃子 195
像煞有介事 159
尴尬面挡 75
揭眼药 46
摆丹老 130
摆句闲话过来 24
摆平伊 27
摆测字摊 177
新龟 115
滚钉板 102

滥糊 125
照子 96
照会 62
照沙蟹 178
照依沙蟹 9
睬侬吴鉴光 144
触霉头 123
锡箔灰 98
魁 36
蝉螂头 249
裴司开登 220
褪毛猢狲 164
辣手 134
雌鸡啼 187
撒烂屙 126
横伊出去 188
樱桃角得 28
潮州门槛 183
潮州钞票 51
踏死蚂蚁当补药吃 201
颜色 131
糟兄 81,175
糟田螺 19
蟹脚 255
麒派喉咙 117,205
耀眼 47